絶対失敗しないやつだけ！

イタリアン好きオヤジの絶品晩ごはん

まーや

KADOKAWA

はじめに

近年、巣ごもり需要による〝お家ご飯〟の関心が高まりつつある中、
お家でレストラン並みのご飯を〝自炊〟する。
そんな料理動画をお届けしています、うまま・まーやこと、まーやと申します。
僕自身、もともとイタリアンを中心としたレストランで料理人として仕事をしていたので、
料理のベースはイタリア料理になります。
イタリアの郷土料理をリスペクトし、素朴でいておいしい料理をつくるのが好きです。

実は基本的に僕の料理にはレシピがありません。

30年以上にわたり料理をつくり続けていますが、レシピ通りに料理をつくるといったことはほぼありません。

いちいち計るの面倒くさい。

そんな横着な性格も理由のひとつですが、レシピを持たない理由は大きくふたつ。


ひとつは食材による理由。

同じ食材でも脂ののりや水分の含有量、生か解凍品か、食材の状態によって調理方法と味つけは変わります。

食材のそのときどきの状態を見極めつつ調理するということが料理の本質であると考えます。

そしてもうひとつの理由は環境による理由。

食べる人の体調や気分、季節や気温、湿度によっても分量は変わります。

塩分の量やソースの濃度、香りづけになにを使うか等々…。

要するに、気分って毎日変わるので自ずと分量も変わるよねって話。
そういった理由から、分量通りにつくってみても自分好みの料理はつくれない。
というのが僕の結論であります。

さらに言うなれば、料理は自分自身を満足させるためのもの。
思うまま、好き勝手に料理して、自分の胃袋を満たせればオッケー。
それくらいの心持ちで楽しんでもらいたいと思います。

この本に掲載されている料理は36品にものぼるお料理ＤＩＹ。
にわかには信じ難いかもしれませんが、掲載料理はすべてノープラン、ノーレシピで撮影に挑みました。
メニュー名だけ考えて、使うであろう食材を適当にピックアップ。
食材の組み合わせ方や分量、味つけの方向性、盛りつけ、お皿等々、
撮影当日に行き当たりばったりでつくるという、なんともスリリングな、
かつ、これぞ僕の料理の真骨頂ではなかろうか。
そんな気まぐれな料理本ができあがっちゃった次第でございます。
とは言っても、レシピを全くのせないというのも
読者のみなさんに対して少々不親切かと思い、
結果的にこんな分量になりました的なレシピを記載しています。
あくまでも参考値として、食材の状態や環境、
気分によって分量を変えて試行錯誤しながら
楽しんでみてください。

CONTENTS

PART 1

お料理DIY、いってみよ！

PART 2

なんでもおいしくなる。魔法の調味料

PART 3

世界一パスタとリゾットを愛する男のガチレシピ

PART 4

簡単&やみつき。傑作おつまみ

•この本に出てくる調味料について

この本ではPART2で紹介する魔法の調味料、ソフリットとトマトソース、ブロード、ガーリックオイルをほかの料理でも使用しています。お料理DIYとして一からつくったものを保存して使うのがおすすめですが、以下のものを代わりにしてつくることもできます。

ソフリット…代用は難しいです。イタリアンの基本なので、ぜひつくってストックしてください。

トマトソース…トマト缶を代わりにします。

ブロード…市販の鶏ガラスープを代わりにします。

ガーリックオイル…オリーブオイルとにんにくを火にかけ、にんにくの香りをオイルにうつします。

•この本の使い方

それぞれの料理に参考となるレシピを紹介しました。食材の状態やお好みでアレンジしながらつくってみてください。［●人分］と表記のないレシピはつくりやすい分量で紹介しています。使っているオリーブオイルはすべてエキストラバージンオリーブオイルです。

撮影｜赤石仁　スタイリング｜林めぐみ　デザイン｜アルビレオ
DTP｜植田尚子　校正｜文字工房燦光　撮影協力｜おに子
編集協力｜薄葉亜希子

PART 1

お料理DIY、いってみよ！

お料理は手間と時間、愛情をかけてこそおいしくなる。それが僕のお伝えしたい料理の楽しみ方です。正直、つくるのちょっとめんどいです。でも、とびきりおいしい！ お家でギリギリつくれるワンランク上の晩ごはんをお届けしたいと思います。おしゃれな料理というよりも豪快な料理って感じで、その食材が持つうまみを引き出していただく、名づけて〝お料理DIY〟！

この章では僕のお料理DIYの代表的な人気レシピをアップデートして紹介します。

僕が
パンチェッタおじさんと
呼ばれる理由

僕のお料理DIYの代表レシピといえば、そう、このパンチェッタです。というのも、僕の料理ちゃんねるで熟成1週間でつくってみたり、半年間の熟成チャレンジをしたりと**様々なパンチェッタ動画**をあげていたところ、「なんか、おもろいことしてるおっさんがいるな」と、いつの間にか多くの人に見てもらえるようになりました。実際に試してくれた人からは「うまい！」というお声も。

というわけで、巷では〝**浪速のパンチェッタおじさん**〟として知られている僕ですが、この度、いちばんおいしい自家製パンチェッタレシピが完成しました！切って焼いてパンに挟んだりサラダにのせるもよし、パスタにアレンジするもよし。とにかくうますぎる絶品パンチェッタを紹介します。では早速、いってみよ！

ついにベストレシピ、できました

それにしてもうれしいなぁ。ここまでパンチェッタをつくり続けてウン十年。今までいちばんおいしいレシピを更新しました！ ぜひお話しさせてください。

◀………\ いってみよ！ /

豚バラのかたまり肉1kgに対して塩は約60g使います。ちなみにパンチェッタづくりに愛用しているのがフランス産のゲランドの塩。ブルターニュ地方にあるゲランド塩田から採れる伝統的な製法でつくられている塩です。**パンチェッタにはこうした粗塩が相性がいい**ようです。

では、仕込みスタート。お肉の全面にたっぷりと塩をまぶし、ミートテンダライザーでお肉に穴を開けていきましょう。塩が浸透しやすくなります。**持っていない人はフォークでもいい**です。というか、ミートテンダライザーって初めて正式な名前を口にしたわ。調理器具っていまいち名前をよく知らないもの多いよね、穴開け器でも十分伝わるし。で、調べてみたりすると、へ

|1

お肉全面にお塩をたっぷりと。横側も忘れずにまぶしてね。

|2

僕の動画ではおなじみの穴開け作業。このひと手間が大事！

|3

塩漬け1日目は何にも包まずに冷蔵庫へ。水分が出てきます。

\ 2weeks / ◀……… \ 1week /

えというものが結構あったりします。

余談はこれくらいにして、適当にザクザク穴開けしたら脂身を下にバットにのせ、冷蔵庫へ。**ここから塩漬け1週間**です。初日はラップも何もしないで入れて、翌日に水分がかなり出てくるのでふき取ります。保存袋にうつして冷蔵庫であと6日間。

1週間塩漬けした状態が真ん中の写真。軽く水洗いし、水分をふいて香辛料で香りづけします。黒こしょうとカイエン（唐辛子）ペッパーには殺菌作用があるのでたっぷりとまぶしましょう。あと1週間、冷蔵庫で寝かせ、**毎日上下をひっくり返して熟成**させます。いよいよ水分が抜けてうまみが凝縮したパンチェッタの完成です！ ぜひ試してみてください。

包丁でカンカンと音がしたらオッケー

4 塩漬け1週間が終わったら軽く水洗いしてから、香辛料で香りづけします。

5 黒こしょう、カイエンペッパーをめっちゃたっぷり。殺菌作用もあります。

パンチェッタ

材料

豚バラかたまり肉…1kg
塩…60g
黒こしょう…適量
カイエンペッパー…適量

絶対はずさない。2つの王道レシピ

カルボナーラといえば、ソースがぼそぼそになるなんて失敗がつきもの。これを回避するには**水分を足しながら、超弱火で仕上げる**のが秘訣です。卵黄に牛乳を入れ、パスタに絡めるときはゆで汁でソースの調整を。この2つを押さえれば失敗知らず。まずパンチェッタを両面焼いて取り出し、卵黄と牛乳、2種類のチーズと塩を混ぜてフライパンに流し込みます。冷ましたパンチェッタを入れて超弱火にかけ、ゆであがったパスタを投入。ひたすら鍋を動かしてゆっくり火を入れて和え、最後に黒こしょうを振って完成。**レモンを絞って味変するのもおすすめ**です。

カルボナーラ

材料［1人分］

パンチェッタ…50g（脂身が多い場合は80g）
卵黄…3個分
パルミジャーノレッジャーノ…小さじ1
ペコリーノロマーノ（チーズ）…小さじ1
牛乳…大さじ2
塩…ひとつまみ
黒こしょう…適量
レモン…スライス1枚
スパゲティ…80g

使うのはスパゲティ。程よい太さで食べ応えがあり濃厚なソースと好相性。

僕が好きなパスタベスト3に入るアマトリチャーナ。豚肉のうまみとトマトの酸味が、シンプルながら深い味わいでうまいんよね。ローマ近郊にアマトリーチェという村があるのですが、そこが発祥のパスタだそう。と、豆知識を披露したところでせっかくなので伝統的な料理法でつくっていきます。**ブカティーニという穴の開いたパスタを使います。**

パンチェッタは細めに切ってカリカリになるまでガーリックオイルで炒めます。一旦取り出し、フライパンが冷めたら白ワインを中火で煮詰め、トマトソースを投入。ゆであがったブカティーニを加え、超弱火でソースと絡めます。**ここでもやっぱり超弱火が基本**。いい塩梅になじんだら2種類のチーズをたっぷりと。ちなみに僕は**少しクセのある羊のチーズ、ペコリーノ多めが好み**です。最後にパンチェッタをのせて完成!

アマトリチャーナ

材料[1人分]

パンチェッタ…50g
（脂身が多い場合は80g）
トマトソース…50～60g
パルミジャーノレッジャーノ…小さじ1
ペコリーノロマーノ(チーズ)…小さじ1
白ワイン…大さじ1 1/2
ガーリックオイル…適量
ブカティーニ…80g

中心に空洞があり、濃厚なソースと相性がよいといわれるブカティーニ。

新レシピ。ほうれん草も相性ばつぐん

1 ゆでたほうれん草の芯を除いてカットし、牛乳を入れてミキサーにかける。

2 パンチェッタは5㎜の厚さの拍子木切りにする。玉ねぎは薄くスライス。

3 パンチェッタを少量のオリーブオイルで弱火で炒め、玉ねぎがしんなりするまで。

4 ほうれん草ペーストと生クリーム、ゆで汁、フジッリを和え、最後にチーズを。

パンチェッタの濃密な味わいをおいしくいただくには？と探求したところ、生まれたのがこのレシピ。ほうれん草独特の甘苦い風味が、パンチェッタの塩味と合わさるとなんともいい味、醸すんです。さらに**鮮やかなグリーンが目にもおいしい！**

このほうれん草ペースト、冷凍保存ができ、まとめてつくっておけばいつでも食べられるとあってかなり優秀。さらに**スープにしてもイケるお味**。つくり方は実に簡単。ゆでて牛乳をひたひたにしてミキサーにかけるだけ。パスタに和えるときはグリーンの色が飛ばないよう、**ペーストを入れる直前に火を止めるよう注意**しましょう。ね、簡単でしょ。白ワインと一緒にね、ボナペティート！

見た目もお味もグッドなレシピ

パンチェッタとほうれん草のクリームパスタ

材料

〈ほうれん草ペースト〉
ほうれん草…1束
牛乳…適量(ミキサーに入れてひたひたになる量)
*ほうれん草ペーストは1束分でつくり、冷凍するのがおすすめ。解凍して牛乳でのばせば、スープとしてもおいしい。

〈クリームパスタ〉 1人分
パンチェッタ…50g(脂身が多い場合は80g)
玉ねぎ…1/4個(50g。パンチェッタと同量)
ほうれん草ペースト…スプーン2～3杯
生クリーム…60㎖
オリーブオイル…適量
パルミジャーノレッジャーノ…適量
フジッリ…80g

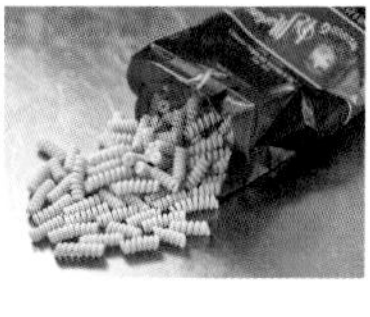

くるくると螺旋状のフジッリ。
螺旋部分にソースが絡みます。

塩とろ豚って響きがすでにうますぎる

僕のおすすめＤＩＹメニューのひとつ、塩とろ豚。はい、なんといっても巷では〝豚カタ師匠〟とも呼ばれる僕ですから、このお料理を語らないわけにはいきません。それにしても塩とろ豚って、もうすでにその響きだけでおいしそう。絶対うまくないはずがないっていう、鉄板のやつですね。

塩漬けについては、塩を直接豚肉に塗り込むのではなく、**「ソミュール液」と呼ばれるハーブを利かせた塩水**に漬け込みます。それはそれはやさしいお味。ガツンとくる塩気ではなく、ほんのりじんわりと五臓六腑にしみわたるような。

でもって豚肉の部位はお好みでよし。かたまり肉を買ってきたら、漬け込むというひと手間をやってみてください。それだけで高級食材に負けないおいしさ、**コスパ最強食材ってまさにこのこと**。おいしくつくる秘訣は20ページで詳しく紹介しますが、最低48時間は漬け込みましょう。塩分がお肉の内部に浸透してたんぱく質に働きかけて云々かんぬん…と、どうやら科学的にも塩を浸透させると**お肉がやわらかくジューシーに仕上がる**というエビデンスがあるよう。まあ、食べてみればわかります。

この断面。テンションが
上がる瞬間やね!

ソミュール液でやさしく味つけするのがコツ

1
塩、ローズマリー、ローリエ、タイム、黒こしょうを入れ、水1500㎖を注いで火にかけます。火加減は最初は強火で。

2
沸騰したら火を止め、よくかき混ぜて塩をとかします。これでソミュール液は完成。

3
ソミュール液を容器にうつし、冷めたら豚肉を投入。冷蔵庫に入れて「おいしくな〜れ」と願いを込めて。

4
たまに冷蔵庫を開けて豚肉をひっくり返したりしながら、じっくり48時間。漬け込みが完了です。

まずは**ソミュール液づくり**から。今回使うのはイベリコ豚の肩ロース肉。もちろんどんな部位でもお好みでオッケーです。1kgの豚肉に対して水1500㎖、塩は95g。塩分濃度6%にしていますが、ざっくりで大丈夫。この分量を目安に買**ってきたお肉に合わせて塩やハーブの量を調整**します。そしてハーブもなんでもよし。冷蔵庫で朽ち果てかけたハーブがあったらこの機会に使ってあげましょう。

　ソミュール液ができたら漬け込み工程。**最低48時間以上**。これだけはきっちりお願いします。48時間の漬け込みが終わったら、いよいよ煮込むこと3時間。お肉だけ1時間、とけにくい

5 軽く水洗いして塩気を落とします。強い塩味をつけているわけではないので、サッと流すだけでオッケー。

6 豚肉が浸るくらいまで水とブロードを入れて煮込みます。アクを取りながら、超弱火でコトコト1時間。

7 煮詰まってきたら水を足しながら煮込み、玉ねぎやだいこんなど煮くずれしにくい野菜を入れて1時間。

完成！

8 1時間経ったらキャベツやかぶ、セージなどの野菜を入れてさらにもう1時間。じっくり煮込んで塩とろ豚のできあがり。

野菜を入れて1時間、葉もの野菜を入れてラスト1時間。休日にビールをちびちび飲みながらつくるのが、なんといっても幸せよね。

塩とろ豚

材料

豚肩ロースかたまり肉…1kg
〈ソミュール液〉
水…1500mℓ
塩…95g（約6％の塩分濃度）
タイム、ローズマリー…適量
ローリエ…2枚
黒こしょう…適量

〈煮込み汁〉
水、ブロード…適量
（水とブロードは同量）
*ブロードのつくり方は
68〜69ページ参照
お好みの野菜…適量
セージ…2枝

そのままイタリア風おでんやリゾットに

僕の料理ちゃんねるで塩とろ豚を紹介したところ、「煮込んだ野菜を捨てるのがもったいない」「使い道はないの?」というコメントがたくさん届いたんですよね。ふだんは野菜はお出汁のために入れてトロトロになっちゃうので食べませんが、こちらは一緒に食べる**イタリア風のおでん、その名も「ボッリート・ミスト」**。

煮くずれしにくいさといもやかぶ、だいこんなど根菜を中心に、玉ねぎやキャベツも大きく切ってコトコト煮込みます。そして**この煮汁もマジうまいんよねえ**。塩とろ豚と野菜を盛りつけ、煮汁をかけて黒こしょうとマスタードを添えて…、完成!

ボッリート・ミスト

材料

塩とろ豚…適量

お好みの野菜…適量

*今回はさといも、玉ねぎ、かぶ、キャベツ、だいこんを使用

黒こしょう…適量

あらびきマスタード…適量

塩とろ豚のアレンジレシピをもうひとつ。次は**煮込み汁を使ってリゾットをつくります**。リゾット、僕は大好きなんですが、いまいち動画では人気がないというか、反応がパスタに比べると乏しいんよねえ。リゾット界の歴史を変えるぐらいうまいのでみなさん、つくってみてね。

では早速スタート。まずバターを弱火でとかしてお米を投入。バターを絡めながら、お米が透き通るまで弱火で炒めます。透明感が出てきたら一旦火を止め、お米が浸かる量の塩とろ豚の煮込み汁を注ぎ、トマト缶を入れて弱火でコトコト20分。

ここで**大事なのが混ぜすぎないこと**。混ぜすぎるとお米の粘り気が出てべちゃべちゃするのでご用心。煮詰まったらパルミジャーノをたっぷりかけます。器に盛りつけて塩とろ豚と黒こしょうをかけて。お出汁が利いて本当うまいんよね、これが。

塩とろ豚のトマトリゾット

材料［1人分］

塩とろ豚…3～4切れ
塩とろ豚の煮込み汁…適量
カットトマト缶…大さじ1 1/2
パルミジャーノレッジャーノ…スプーン1杯
黒こしょう…適量
米…手のひら1杯
バター…適量

ワイン1本余裕で空いちゃう塩サーモン

みんな大好きといえば、そう、サーモン。切ってわさび醤油もいいのですが、さらに**おいしくいただくためのひと手間&ひと工夫**を、ぜひ。

　まず塩、黒こしょう、砂糖をすり鉢でつぶして香りを立たせます。さらさらにしてまぶし、好みのハーブをトッピング。１日冷蔵庫で寝かせるとサーモンからかなりの水が出ます。**余分な水分が抜けてうまみがぎゅっと凝縮**。水で軽く洗って水切りしたら、**身が締まった塩サーモン**の完成！１日でできるのでお料理ＤＩＹ初心者の人にもおすすめです。

塩サーモン

材料

サーモン…600g（柵2つくらい）
塩…40g
砂糖…小さじ1
黒こしょうホール…スプーン1杯
フェンネルの葉…適量

余ったサーモンはマリネに

スライスしてマリネにすると長もちします。

酢漬けのケッパーがいい味利かせます

はい、1日寝かせてできあがりました、塩サーモン。ということで、塩サーモンのおいしさをど直球で味わうべく、サラダ仕立てにしていただきたいと思います。

使う野菜は基本的に好きなものでオッケーですが、**シャキシャキ感が楽しめる野菜が僕的には好みです**。こちらは**赤玉ねぎと加賀の太いきゅうり**を使っています。赤玉ねぎはふつうの玉ねぎより甘みがあるのでサラダによく使いますね。生食のときは繊維に逆らって切りましょう、甘みが出てきます。ふつうの玉ねぎを使うときは水に軽くさらして辛みを飛ばします。

そしてサーモンをスライス。**ねっとりとした断面、最高よね**。見るだけで白ワインが進むってやつです。きゅうりをサイコロ状に切って、輪切りのブラックオリーブとハーブをあしらいます。サーモンにはフェンネルかディルがいいかな。ケッパーを散らしたら、この酢漬けの汁もたら〜りと。**酸味がサーモンのうまみを引き立て、かなりいい仕事**しますよ。最後にオリーブオイルとレモン、いくらを散らしたら、さあ、乾杯！

塩サーモンのサラダ仕立て

材料［2人分］

塩サーモン…適量
赤玉ねぎ…1／2個
加賀太きゅうり…1／3本
レモン…1／2個
いくら…適量
フェンネル…適量
ブラックオリーブ（輪切り）…8個
酢漬けのケッパー…適量
フェンネルの葉…適量
オリーブオイル…適量

白ワインとの
相性ぴったり

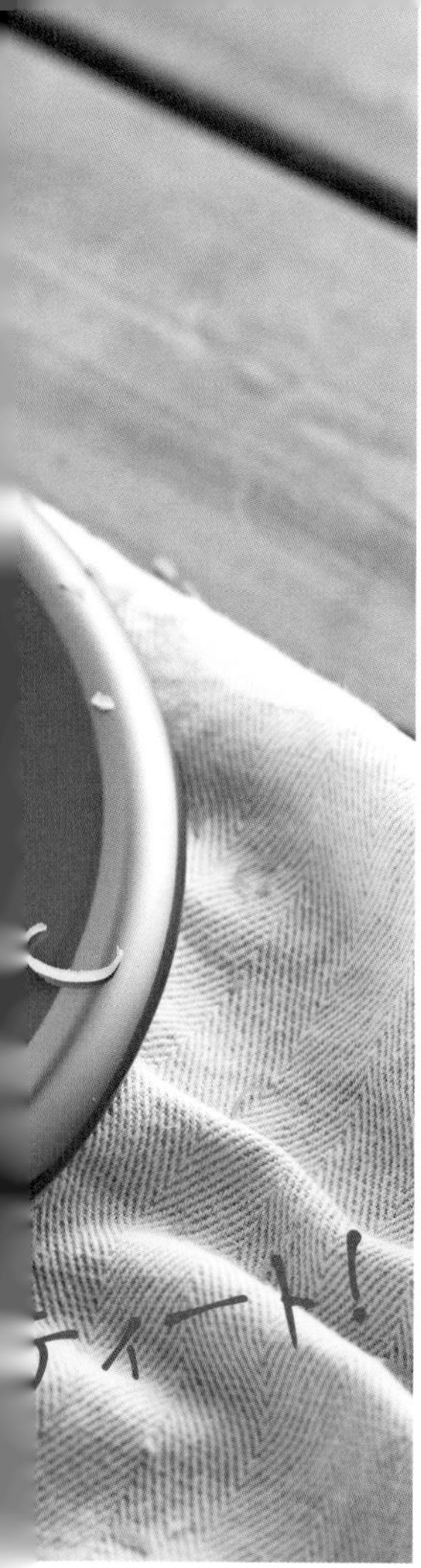

バター、アボカドとうまみの共演

1 塩サーモンとアボカドをカットし、塩と黒こしょう、オリーブオイル、レモンを。

2 バターは15〜20gとたっぷりめに使うのがコツ。セージはみじん切り。

3 ブロードを加え、バターが焦げる寸前まで加熱してレモンを絞ります。

4 パスタとゆで汁を入れてバターソースと絡め、お皿に盛りつけて。

それにしてもバターとサーモンって本当に合うんよね。悶絶パスタとして僕のYouTubeでも人気のレシピを味つけ、具材を少々アレンジしたのがこちら。実はサーモンを具材にパスタをつくるのって結構難しくて味がバシッと決まらないもの。そこで、**バターのコクとアボカドのうまみが助けになる**というわけです。セージバターソースという定番のソースにフェトチーネを絡め、アボカドとサーモンをトッピング。さらに**ミモレットチーズをたっぷり**かけます。このチーズ、からすみのような見た目で、風味もそれに近くていい塩梅に塩気を足してくれます。これぞ、**うまみの四重奏**。深〜い味わいの塩サーモンのパスタが完成です。

塩サーモンとアボカドのバターソースパスタ ミモレットチーズ添え

材料［1人分］

塩サーモン…適量
アボカド…1/4個
バター…15 ～ 20g
セージ…1枚
ブロード…適量
レモン…適量
塩、黒こしょう…適量
ミモレットチーズ…適量
オリーブオイル…適量
フェトチーネ…80g

平たく薄いフェトチーネはもちっとした食感がおいしい。

カットしたアボカドは、元に戻してラップをかけて保存。

ラップでつくる自家製サルシッチャ

ここまで読んでいただいたみなさん、「それにしてもこのおっさん、時代に逆らってややこしい料理つくってるな〜」と思い始めている頃でしょうか。はい、さらに空気読まずに続けますよ。ここからはいよいよ、

自家製サルシッチャ！

ちなみにサルシッチャとはイタリア語でソーセージ、腸詰のことです。さすがに腸に詰めるのはハードルが高いので、**ラップを使ってつくります**。僕の料理ちゃんねるでも好評だったこちらのお料理、じっくりプロセスを追ってお話しします。

ていうか自家製ソーセージなんて家でつくるの無理！と思う人がほとんどかもしれません。これが実は簡単、めちゃうまい。休日にDIYしてみてください。**このソーセージのおいしさ**にほっぺた落ちることでしょう。と、前置きが長くなりましたが、ほかのお料理と同じ、一度仕込んでしまえば、サルシッチャを使ったレシピはちゃちゃっと手軽。おつまみもパスタもイケちゃいます。**豚肉のミンチ工程がちょっとしんどいけど**、休日の運動と思って、いってみよ！

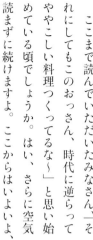

赤みと脂身の
コントラストが美しい！

かたまり肉をミンチするのが断然うまい

1 豚肉は包丁で細かくスジ切り。続いて脂身も取っておきます。

2 ミンチする前にお肉を細かく切っておきます。

3 ミンチ開始。スジを叩き切るようにして細かくミンチしていきます。「ああ、しんど」

4 だいぶ、お肉がねっとりしてきました。大体こんな感じでオッケー。

まずお肉選びですが、今回は豚のうで肉を使っています。うで肉ってあまりなじみがないかもしれませんが、お肉屋さんで売っているので聞いてみてね。固いけどめちゃおいしい、深〜い味わいのお肉です。ミンチ作業はちょっとしんどいけれど、**かみごたえのある、弾力のあるサルシッチャ**が仕上がります。

このミンチ工程、「フードプロセッサーでもいい？」と聞かれますが、**できれば包丁でミンチするのがおすすめ**。フードプロセッサーってスジが残ってしまうんですよね。お肉だけがすりつぶされた状態になってしまうので、使わない方が断然おいしくできあが

5 香りづけに使うセージを細かく刻みます。

6 ミンチしたお肉と塩、卵白、チーズ、セージ、黒こしょうを入れます。卵白はつなぎの役目。

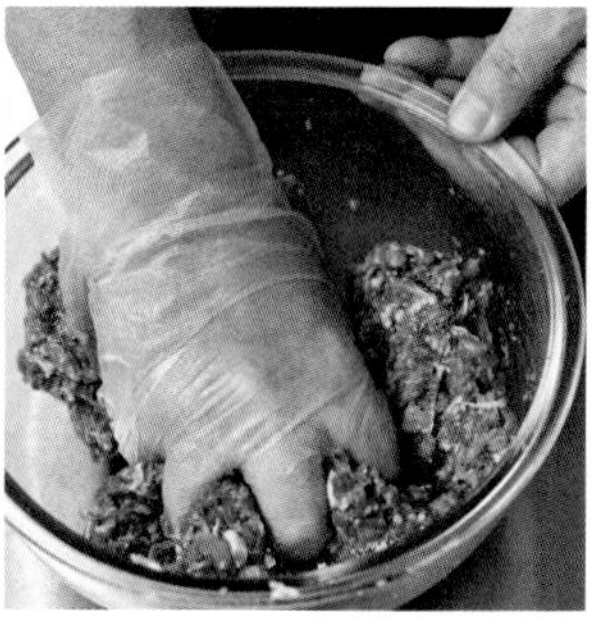

7 粘り気が出るように手で握りつぶしていきます。しばらくこねくり回します。

次へ!

8 お肉の脂がとけないよう、温度を上げないように手早くこねて、はい、できあがり。このあと、ラップで包んでいきます。

ります。まあ、**エクササイズだと思ってトントン**しましょう。

そして味つけは塩、黒こしょう、パルミジャーノ。肉のうまみを味わうお料理だけにとてもシンプル。香りづけにセージを入れるから、ソーセージと呼ばれるようになったなんて説もありますが、本当のところは不明。で、肝心の塩加減をどう見るかといえば、ある程度こねたら**お肉をちょっとだけ焼いて味見**します。塩加減を確認して塩を少々振って、さらにこねてできあがり。

ここまできたら次はいよいよ成形!

肉汁のジュレがこれまた激うまっ

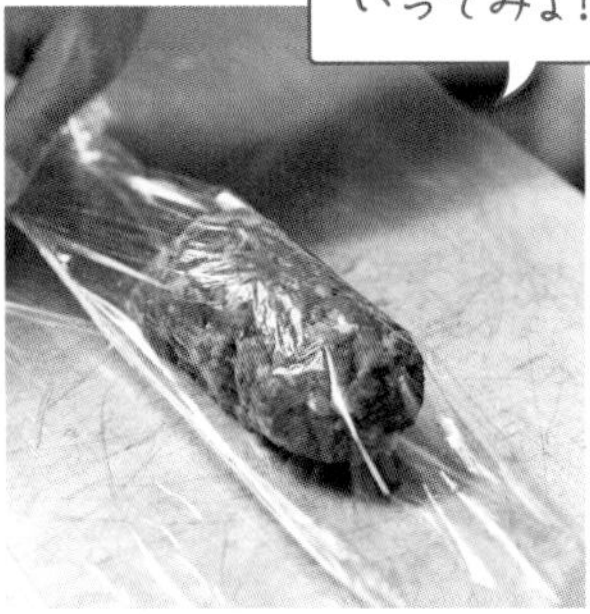

9 3等分にしたお肉を丸め、トントンと空気を抜いてから、広げたラップにのせます。

10 俵形に整え、ラップをかけて太さを調整します。

11 ラップの端を持ってコロコロと前に転がすと、きれいに包めます。はい。この感じ。

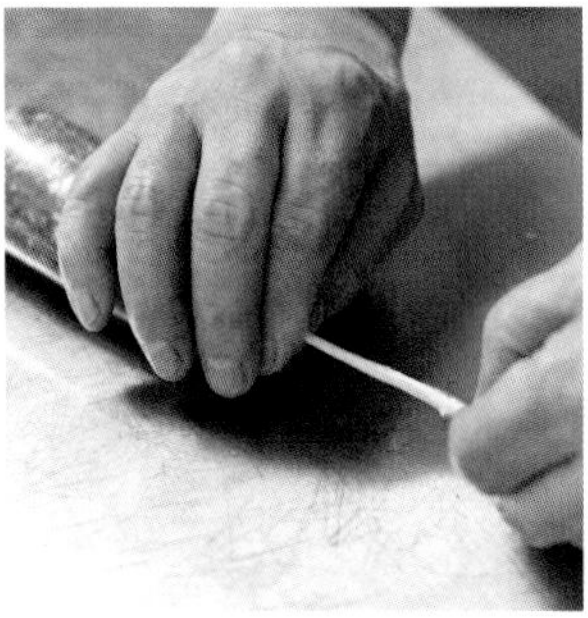

12 ラップの端を引っ張ってきつく結びます。左右結んでラップ工程は完了。ね、簡単でしょ。

そうそう、さっき言い忘れましたが、お肉をこねるときのポイントは**空気を含ませる**ようにすること。ねっとりだけどふわふわ〜の状態を目指しましょう。これ、結構大事かも。

　で、**ラップで包む前にはトントンと空気抜き**。ハンバーグをつくるときにやる、あれですね。包む工程は言葉で説明するのちょっと難しいんよね。上の11番の写真のように**コロコロと前に転がします**。両端をしっかり持ってね、意外とぴちっときれいに巻けますよ。

　そしてラップでつくるよさはもうひとつ。**肉汁のジュレが取れる**こと。これがうまいんよね。太さによって時間は変わるけど1時間

13
続いて蒸し器に並べて、超弱火で蒸していきます。じっくり火を入れていくのがコツ。

14
約1時間半前後蒸した状態がこちら。ラップの中にドリップされた肉汁がたっぷり。この状態でひと晩、冷蔵庫へ。

翌日!

15
ひと晩おいて肉汁がどろっとかたまり、ジュレ状に。しっかり絞り出します。

完成!

16
見てください、この断面。赤みと脂身のコントラストが美しい自家製サルシッチャが完成です。これ、マジでやばいお味です。

半前後じっくり蒸したら、冷ましてから冷蔵庫でひと晩寝かせます。サルシッチャのお肉同士が密着して味わいが増し、肉汁のジュレが仕上がります。さ、ビール片手にいただこう。

自家製サルシッチャ

材料

豚かたまり肉…700g
*今回はうで肉を使用。ほかにもも肉、肩ロースもおすすめ。
卵白…1個分
セージ…適量
パルミジャーノレッジャーノ…スプーン2杯
塩、黒こしょう…少々

ビールのアテに最高な2つのレシピ

手間暇かけた甲斐がありました、マジでおいしい。これぞ、お肉DIYの極みですね。早速、飲んで食べ始めてすみません。付け合わせのお料理の説明をしますね。

こちらは**自家製のピクルス**。好きなお野菜をピクルス液に浸すだけ。赤と白のワインビネガーを水で割って塩と砂糖を。甘みが好きな人は砂糖の分量を増やしてみてください。**うまみの濃いうで肉のサルシッチャに酸味のピクルス**。相性がよすぎるにも程がある。ちなみに盛りつけに使ったのはプチプチした食感がめちゃ美味な**タスマニアマスタード**。気になる人はぜひ試してみてください。

自家製サルシッチャ＆ピクルスのマスタード添え

材料

自家製サルシッチャ、自家製ピクルス…適量
粒マスタード…適量
オリーブオイル…適量
サルシッチャのジュレ…適量
〈自家製ピクルス〉
お好みの野菜…適量
*今回はパプリカ、ゴーヤ、加賀太きゅうり、ペコロス、にんじん、キャベツ、フェンネルの茎、赤ピーマン、かぶを漬けています。
赤ワインビネガー…250㎖
白ワインビネガー…350㎖
水…600㎖（ワインビネガーの合計と同量）
塩…30g
砂糖…200g

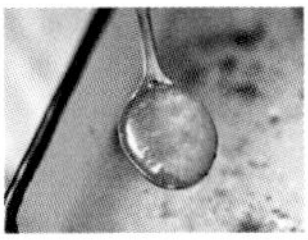

肉汁のジュレをたっぷりかけて、オリーブオイルを垂らしていただきます。

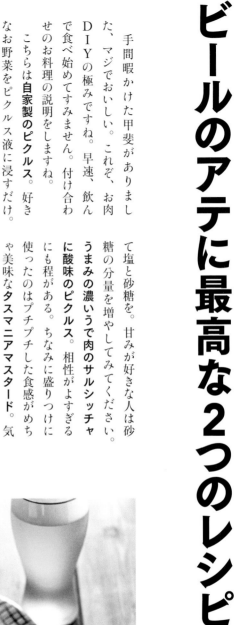

冷蔵庫にサルシッチャをストックしておけばすぐにつくれるパスタを紹介。晩ごはんにもうってつけ。ここでも**肉汁のジュレが大活躍する**のでしっかり取っておきましょう。

まず、赤唐辛子とつぶしたにんにくをオリーブオイルで焼くイメージで弱火にかけ、サルシッチャは手でほぐしておきます。にんにくが色づいたらサルシッチャを投入。同時進行でパスタとキャベツを一緒にゆでます。パスタがゆであがったら、キャベツ、ゆで汁も一緒に入れて水分を調整しながら絡めます。塩をひとつまみ入れて味をととのえ、**肉汁のジュレとガーリックオイル**をひと垂らし。にんにくの香りとサルシッチャの濃厚な味の組み合わせ、こりゃたまらんというおいしさです。

最後に大事なポイントを。**オイル系パスタは火を強めて一気に仕上げ**ます。べちゃっとしない秘訣です。

自家製サルシッチャとキャベツのオイルソースパスタ

材料［1人分］

サルシッチャ…40g
キャベツ…40g（サルシッチャと同量）
にんにく…2片
赤唐辛子…3本
オリーブオイル…大さじ2
サルシッチャのジュレ…適量
ガーリックオイル…適量
塩…ひとつまみ
フェデリーニ…80g

使うのはフェデリーニ。通常のスパゲティより細くオイル系によく合います。

クセになるうまさ。えびの濃密お出汁

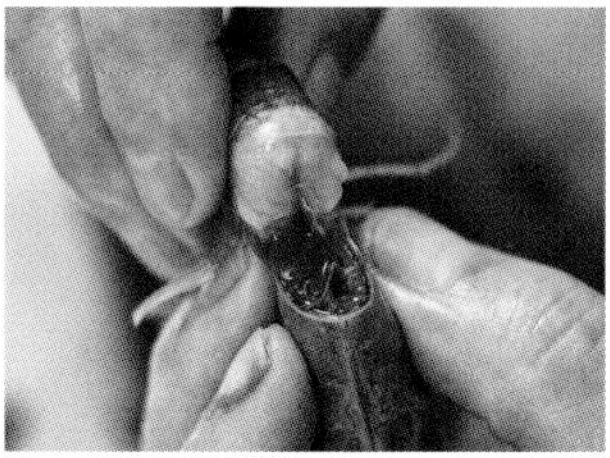

1
えびをくるっと回して頭と身を離す。出汁には頭の方を使います。

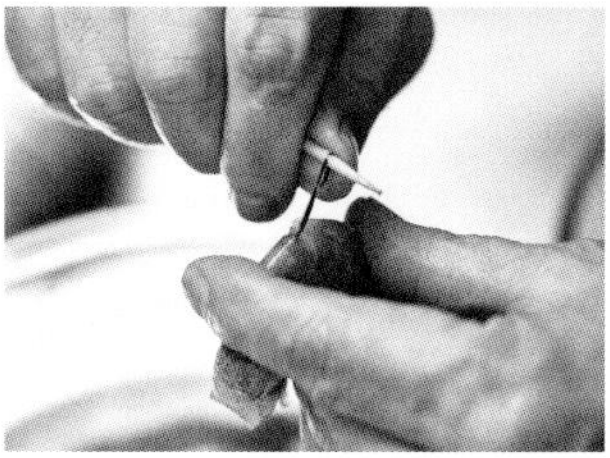

2
身はパスタの具材にするため、背ワタを取って塩水につけて保存します。

3
えびの頭をガーリックオイルで炒めます。殻を焼くことで香ばしい香りが。

4
えびをつぶしてミソを出し、ひたひたの水で煮込みます。丁寧にアク取り。

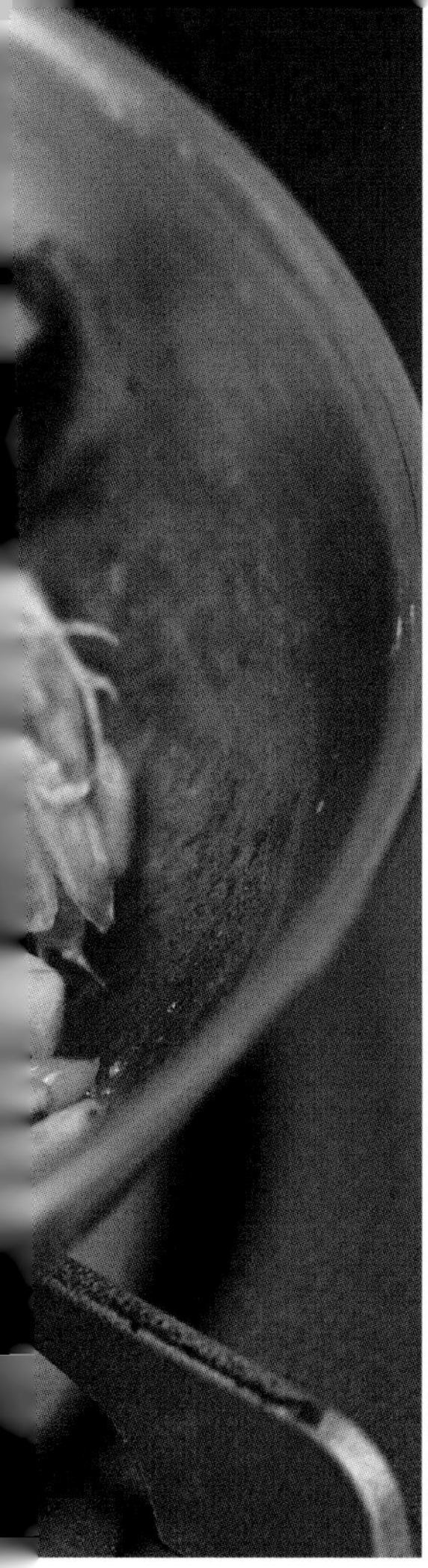

久しぶりにえび食べたいなぁという日、ないですか？ 僕はあります、えび食べたい欲が究極に高まる日が。お料理DIYもますます絶好調！ えびのお出汁づくりに挑戦します。えびは頭つきならなんでもよし、**頭にうまみが詰まってます**からね。

まずフライパンでえびを炒め、玉ねぎ、トマトも投入。木べらでぐいぐいとえびの頭を押しつぶすとミソがにじみ出て、**えびの甘〜い濃厚な香り**が。これ、すんごいわ。さらにじっくり炒めてうまみを抽出したら白ワインを投入。水をひたひたに入れて煮込み、アクを取りながらコトコト10分。一旦こしてから、もう一度半量になるまで煮詰めると濃密お出汁の完成。美しいわぁ〜。

えびのお出汁

材料

有頭えび…500g
*ハーブシュリンプ、バナメイえびなど頭つきのものならなんでもOK。
玉ねぎ…適量
トマト…1個
白ワイン…大さじ2
ガーリックオイル…適量
水…適量（えびがひたひたになる量）

えびのコクと玉ねぎ、トマトの甘みが凝縮。おいしくないわけないやーん。

濃密えびソースとイカ墨パスタのラグー

では、続いてこの**美しいえびのお出汁**を使ってパスタをつくりましょう。あ、**ラグーというのは具材を細かく切って煮込んだソース**のことを言います。野菜はお好みですが、玉ねぎとマッシュルームを入れると香味が立ってよく合います。

使うのはイカ墨を練り込んだパスタにしましょうか。**赤と黒のコントラスト**がたまらなくうまそうです。余談ですが、イタリアではパスタを着色する食材が決められていて、黒はイカ墨、緑はほうれん草、赤はトマトで色づけます。

1 塩水につけておいたえびの殻をむきます。はい、こんな感じですね。

2 固めにゆでたカリフラワーとえび、玉ねぎ、マッシュルームをみじん切りにします。

3 下ごしらえ完了。えびのお出汁、ガーリックオイル、トマト缶でお味をビシッと決めていきましょう。

はい、では下準備から。カリフラワーは固めにゆでて**氷水で一気に冷まします**。これ、必須じゃないけど、きれいな色になるポイント。やっぱり〝映え〟は大事ですからね。

すべての食材をみじん切りにし、ガーリックオイルで玉ねぎ、マッシュルームを炒め、えびを投入。軽く色づいて香りが立ったら、カリフラワーとえびのお出汁、トマト缶を入れてフツフツ煮込んでソースは完璧。あとはゆでたパスタを和えるだけ。ガーリックオイルをひと回しして盛りつけ、**なんとも妖艶なお料理が完成**でーす。

えびとカリフラワーのラグーソース

材料［1人分］

えび…4尾
カリフラワー…1株
マッシュルーム…1個
玉ねぎ…適量
カットトマト缶…スプーン1杯
えびのお出汁…50㎖
ガーリックオイル…適量
パセリ…適量
塩…少々
イカ墨のパスタ…80g

うまみたっぷり！ イカ墨のパスタはこの色が食欲をそそるよね。

4 塩少々を振って具材を炒め、えびが軽く色づいてきたらお出汁、トマト缶を投入。軽く沸騰させます。

5 煮込んで火を止め、手でちぎりながらパセリを投入。ゆであがったイカ墨のパスタを和えていきます。

たまには伝統的なレシピでつくってみよ

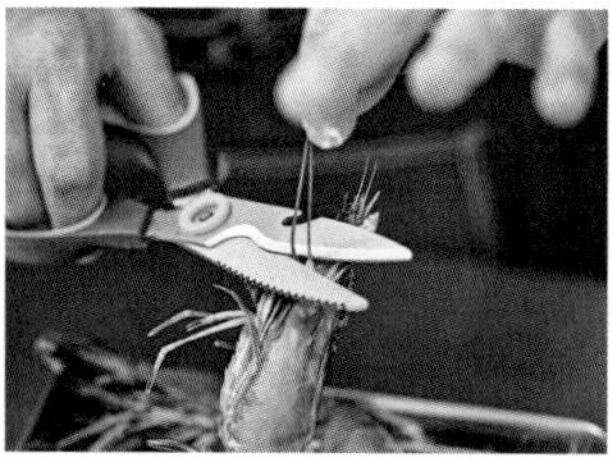

1

えびの散髪スタート。まずはこの長〜いひげをカットします。

2

続いてくちばしを切り、頭のツノ、しっぽの黒い部分、とんがりもカット。

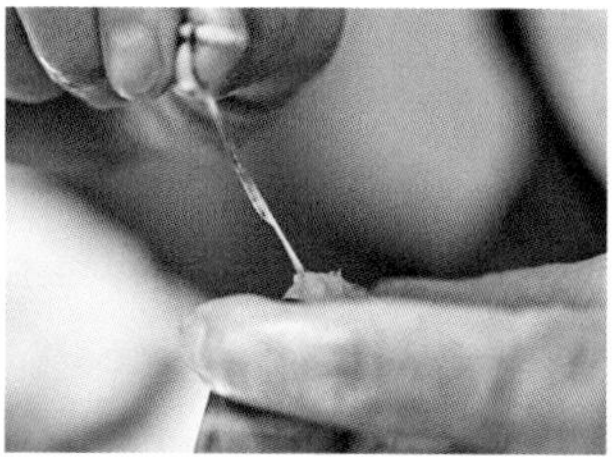

3

背ワタを取ってしっぽの殻をむきます。塩水につけながらの作業です。

4

水気をよくふき取ったら下処理が終了。えびさん、すっきりしたね！

えびさん、頭を盛りつける料理では**散髪して**あげましょう。やり方は上の写真を参考にしてください。ひげ、ツノ、しっぽ、とんがりをハサミでカットしていきます。背ワタ、しっぽの殻を取ったらレッツ、クッキング〜。

えびに軽く塩を振り、オリーブオイルとバターを入れて弱火でソテー。色が変わったらひっくり返して頭をよ〜く焼きましょう。そしていよいよハイライト！**グラッパを振りかけてフランベ**します。一気に火が上がるので気をつけてくださいね。**えびの殻を焼くとめちゃめちゃ香ばしい香り**が。続いてお出汁、生クリームを加えて中弱火で煮詰めます。火が通ったら、えびを取り出し、煮詰めたソースをかけてできあがり〜。

グラッパ風味の えびのクリーム煮

材料［1人分］

有頭えび…2尾
グラッパ（ブランデー）…1ショット
えびのお出汁…大さじ2
生クリーム…50mℓ
バター…8g
オリーブオイル…小さじ1
塩…少々

グラッパをフライパンの中央に入れて素早く回してアルコールを飛ばします。

このおいしさ。やっぱり牛肉は尊い

みなさん、牛肉好きですか？　僕はそんなに言うほどめっちゃ好きというわけではないんですけれども、でも、牛肉を焼いたときの甘い香り、口にしたときの深い味わいにはテンションが爆上がりします。この破壊力、ほかの食材にはないですよね。やっぱり牛肉は尊い。そんなわけでいよいよ牛肉の出番です。ステーキ、焼きます。

僕が好きなのはかたまり肉を焼いてスライスし、サラダと和えるお料理、**イタリア語で切ったという意味の「タリアータ」**です。肉と野菜を合わせて食べるのがおいしいんよね。**基本的にステーキを焼くときはソースはつくりません**。そろそろお気づきの人もいると思いますが、僕は素材そのもののおいしさを味わう料理が好きです。下処理、下ごしらえに時間をかけてうまみを引き出し、あとは焼く、和える、炒めるだけ。ソースの味ではいただきません。牛肉も塩、黒こしょう、バルサミコ酢、オリーブオイルをぶっかけて食べる。これがうまい。

あ、話が長くなりました。**ステーキを上手く焼く最大のコツは常温に戻しておくこと**。頭に入れていただいて、いってみよ！

うまそすぎる〜！

けむりで燻してスモーキーに香りづけ

1 牛肉はスジを取ってきれいにし、厚みを均等に整えてひもで結びます。

2 オリーブオイルを垂らし、すりおろしたにんにくをローズマリーでのばす。

3 脂身から焼くのが基本。火加減は弱火をキープ。強火は失敗のもとです。

4 お肉が焼けたらアルミホイルで包み、保温しながら20分ほど休ませます。

　このお肉、オーブンで焼くくらいの分厚さなのですが、あえてカセットコンロで焼いていきます。僕の家にオーブンがないというのが理由ですが、コンロだと焼ける様子も見ることができて意外といいものです。

　はい、ではまず**1時間前にはお肉を冷蔵庫から出して常温に戻しておく**。しつこく話していますが、これがとても大切です。そして焼けムラがないよう、**お肉の厚みを均等にしてひもで結んで固定**します。全面にオリーブオイルとにんにくを塗ったら、脂身を最初に焼いてけむりを立たせましょう。けむりで燻されて**スモーキーな風味**が出ます。

　ちなみにステーキを焼くときの火加減は強火と思っている人がとても

多いのですが、**絶対に弱火**で焼いてください。強火だと上手に焼けません。お肉をローストしていくイメージでじっくり火を通して片面10分、ひっくり返して10分。お肉を休ませてカットし、サラダと和えたら、赤ワインでいただきましょうか。

カセットコンロでつくるタリアータ

材料

牛ロース肉…500g
にんにく…3片
ローズマリー…2枚
オリーブオイル…適量

〈サラダ〉
ベビーリーフミックス…適量
フルーツトマト…1個
マッシュルーム…2個
塩、黒こしょう…適量
バルサミコ酢…適量
オリーブオイル…適量
（バルサミコ酢と同量）

ワンランク上の大人のボロネーゼに挑戦

まーや流ボロネーゼ、そんじょそこらのお味じゃございません。**ワンランクもツーランクも上の格別な味わい**。ボロネーゼって、子どもの頃に食べたミートソースのイメージがある人も多いと思いますが、これでもかと**うまみを詰め込んだボロネーゼ**は本当においしいのでぜひ挑戦してほしいです。と、自分でハードルを上げていますが、味の決め手はポルチーニ、ソフリット、ブロードという**魔法のうまみ調味料**たち。ソフリットとブロードのつくり方は56ページからの章で詳しくお話ししますね。そして牛肉の焼き方にもポイントが。前振り、長くなりました、次から秘訣をお話ししていきます！

わぉ。このテリ、
見てください

ゴロゴロ肉感がたまらない

では、ワンランク上の秘訣をお話しします。まず前日の夜、**ポルチーニをひたひたのお水で戻しておく。**これが**いい隠し味**に。

主役の牛肉はおばあちゃんのひと口大のサイズにカット。3分の1はミンチにして食感をブレンドするとおいしさがアップします。そしてお肉を焼くコツは**水分だけ煮詰めてうまみを閉じ込め、油だけを切る。**ん、わかりにくい？ つまり、火にかけてお肉から水分が出てきたら、その**水分が完全になくなるまで**煮詰めます。すると今度は余分

1 牛肉はスジをはずしてゴロゴロの角切りに。3分の1は叩いてミンチにして食感を組み合わせます。

2 牛肉に塩で下味をつけ、オリーブオイルをひいて中火で焼きます。お肉から出た水分を煮詰めます。

3 焼き色がついたら、ざるにあげて油を切ります。うまみを閉じ込め、油は切る。これがポイント。

な油が出てきてバチバチいうのでその油でこんがり焼いていく。**焼き色がついたらざるにあげて油を切る。**このステップでおいしさが引き出され、ワンランク上のお味になります。

あとはポルチーニや赤ワイン、ソフリット、トマト缶、ブロードという**うまみのスター選手たち**を鍋に入れて、アクを取りながら弱火でコトコト1時間。ボロネーゼができあがり。

パスタはショートパスタのリガトーニでいきましょう。ボロネーゼにバター、生クリーム、ブロードを加えてまろやかな味にととのえ、ゆであがったパスタと和えて完成!

ボロネーゼ

材料

牛かたまり肉…500g
赤ワイン…200mℓ
ポルチーニ…10g
水…適量(ポルチーニがひたひたに浸かる量)
ソフリット…70g
*ソフリットのつくり方は60〜61ページ参照
カットトマト缶…大さじ4
ブロード…適量
塩…少々
オリーブオイル…適量

〈パスタ〉1人分
バター…5g
生クリーム…大さじ1
ブロード…適量
リガトーニ…70g

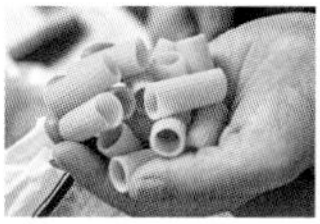

リガトーニは穴の部分まで味がなじむよう、弱火で長めに和えて。

4 前の日から戻しておいたポルチーニ。これがうまみの決め手です。戻し汁も全部使います。

5 赤ワインでお肉を煮詰め、ソフリット、ポルチーニと戻し汁、トマト缶、ブロードを入れて煮込みます。

特別な日のディナーに ふるまう仔羊の カツレツ

ここまで僕のお料理ＤＩＹの代表レシピを紹介してきましたが、最後にお話しするのが**仔羊のカツレツ**です。ミラノ風カツレツという料理、聞いたことがある人も多いのでは？　イタリアでは仔牛の肉を使います。**お肉を叩いて薄くのばし、こんがりと焼いたカツはおなじみ**。今回は骨付きの仔羊でちょっとオシャレに、ひよこ豆といんげん豆の煮込みを添えていただきます。

家で仔羊を料理するの、ちょっとハードルが高いイメージがあるかもしれません。でも意外と簡単。下処理だけしっかりやれば、おいしくいただけます。最後にバター、チーズの風味をまとわせてレモンをぎゅっと絞る。**酸味とうまみが合わさり**、それはそれはたまらーんなお味。**仔羊は少々こってりめのお肉**なので、辛口なハイボールですっきりいただくのが僕のお気に入りです。

小麦粉の代わりに粉チーズで濃厚な味わいに

1
前日の仕込みはお豆さん。たっぷりの水に浸し、ひと晩おいて戻します。常温でオッケー。

2
トマトソースとブロード、セージ、ローリエを入れて煮込み、トロトロになったら、塩で味をととのえて。付け合わせの完成。

3
仔羊のロース肉はよく水気を取っておきます。僕の愛用はミートペーパー。ちょっとお高めですが、きれいに水分が取れます。

4
羊の脂は結構しつこいので、脂部分はすべてカットします。くさくはないのですが、脂っこくてもたれるんですよね。

前日の夜、付け合わせの豆の煮込みからお料理開始。豆を水で戻しておきますが、この戻し汁は苦いので使いません。**とろっとくずれる直前**まで煮込みます。

仔羊は下処理がちょっと面倒ですが、**脂身がしつこいので全部カット**します。だってね、40も後半になるとこの脂がきついんよね。ひと手間ですごくおいしいお肉になります。

おいしいカツレツの秘訣は**粉チーズを使うこと、焼ききること**。衣にチーズの塩気がついているので**レモンとパルミジャーノをかけていただくだけで絶品**です。カツは揚げるというよりも焼ききる感覚で。こんがりとしておいしそうでしょ?

5 できる限り脂を取ったら、肉叩きでお肉をのばします。均一な厚さにしましょう。塩、黒こしょうで下味をつけます。

6 小麦粉の代わりに粉チーズを振りかけます。これ、イタリアではメジャーなやり方。チーズの風味がよりおいしさをアップ!

7 卵にくぐらせ、パン粉をたっぷりとつけます。たくさんまぶしてから、手のひらで押しつぶすようにしてしっかりと。

8 フライパンを中火にかけてオリーブオイルとバターをとかし、お肉にかけながら焼きます。この写真くらいミディアムに焼きましょう。

仔羊のカツレツ 豆の煮込み添え

材料

仔羊のロース肉…3本
粉チーズ、卵、パン粉…適量
塩、黒こしょう…適量
バター…15g
オリーブオイル…大さじ1
パルミジャーノレッジャーノ…適量
レモン…適量
クレソン…1枚

〈豆の煮込み〉
ひよこ豆…適量
いんげん豆…適量
トマトソース…適量
ブロード…適量
セージ…2枚
ローリエ…1枚
塩…ひとつまみ

PART 2

なんでもおいしくなる。魔法の調味料

お料理DIYに欠かせないのが素材のうまみを凝縮させた魔法の調味料。野菜のうまみ、甘みを引き出して煮詰める「ソフリット」は煮込み系に、香味野菜と丸鶏からつくるお出汁「ブロード」はあらゆるパスタやお料理の下味に、にんにくのエキスと香りを詰めた「ガーリックオイル」は焼く、炒める、上からかけるなど風味づけに大活躍。

この3つを上手に使えたら、かなり腕前が上がるはず。休みの日にビール片手にチャレンジしてみてください。

REQUAL

たっぷり野菜の恵み、ソフリット。

ソフリット、初めて聞く言葉だという人も多いでしょう。お料理の名前ではありません。どんな料理もおいしくしてくれる**野菜のコクとうまみが詰まった魔法の調味料**、イタリアンでは欠かせないものです。

お料理っていうのは手間暇かけてこそおいしくなるわけですが、ソフリットづくりこそ、まさにその代表格。**正直ちょっとめんどい**です。でも一度つくってしまえば、冷凍できるのでいつでも使えます。パート1でお話ししたボロネーゼなど煮込み系の料理に入れたり、コンソメスープでのばしてオニオンスープでいただくのもいいかも。深〜い味わいに仕上がります。あとは**カレーに入れるとびっくりするほどおいしくなって、プロの味！**と喜ばれるはず。家族や恋人につくってドヤ顔してください。

使うのは**玉ねぎ、にんじん、セロリの香味野菜とマッシュルーム**。西洋料理の基本です。にんじん、玉ねぎは皮をむき、セロリは茎と葉っぱを分けます。皮と葉っぱはソフリットでは使いませんが、このあとのブロードで使うのでお野菜丸ごと捨てるところなし。さて、このみじん切り野菜たちがどうなるのか…。乞うご期待です。

仕込み、完了！

オリーブオイルを
たっぷりかけて
火にかけます

焦げないよう
超弱火で
じっくり炒めて

野菜の水分が
こんなに
出てきます

約2時間炒めてこの状態。
はい、できあがり～

イタリア風ルウはコクとうまみのかたまり

僕があれこれ言うよりも右の写真を見てください。そう、**かな〜り地道な作業のソフリットづくり**。ビールちびちび飲みながらやるのがよし。贅沢の極み。

ではここでお野菜たちの説明を。ソフリットに使う基本の香味野菜ですが、どれもうまみ成分が豊富に含まれています。中でも特に**玉ねぎは甘み、セロリは香り、にんじんはうまみがたっぷり**。そして絶**対に入れてほしいのがマッシュルーム**。使うと断然おいしくなります。ブラウンマッシュルームなどいろいろ種類がありますが、ふつうのものでオッケーです。できあがったらバットに入れて冷まし、ヘラで分け目をつけてひとつずつラップで包んで冷凍保存。いつでも取り出して使うことができます。

鍋が小さいときは最初に玉ねぎを炒め、しんなりしたらほかの野菜を加えます

ソフリット

材料

- 玉ねぎ…6個
- にんじん…3本
- セロリの茎…3本
- マッシュルーム…10個
- オリーブオイル…適量

セロリの葉っぱとにんじんの皮はこのあとのブロードで使います。捨てずにね！

ソフリットからつくる濃厚トマトソース

ふう、やっとできあがったソフリット、おつかれさまでした。このまま保存して様々なお料理に使えますが、せっかくならばもうひと手間！　**トマトソース**にしましょう。トマト系パスタやリゾット、グラタンにもかけるだけでめちゃうまいソースになります。しかも濃密、濃厚なお味。**トマト缶だけではちょっと出せない深みのあるお料理**になります。オムレツにかけても絶品。

もともとトマトソースというのはトマトの収穫期にたくさん採ったものをビンに詰めて湯せんし、保存していたのが始まり。保存食だったわけですよね。このソース、１週間以上冷蔵庫でもちます。

おいしくつくるポイントは**トマト缶選び**。酸っぱすぎたり、甘すぎたりしない酸味と甘みのバランスのいいものを選びましょう。といっても、最初はどれがいいかわからないと思うので、いろいろ試して自分好みのトマト缶を見つけてみてください。

では、早速クッキング〜。まず鍋にソフリットとトマト缶、塩を入れて煮込んでいきます。初めは中火で、**フツフツと沸騰してきたら弱火にして30〜40分**。水分を飛ばしてぎゅっと凝縮した味に煮詰めていきます。

よく火加減について動画の視聴者さんから質問がありますが、基本的に家での料理は、強火にするのはパスタをゆでるお湯を沸かすときくらい。**じっくりと食材に火入れする**、これがおいしい料理をつくる秘訣です。

トマトソースが煮詰まったら火からおろして冷まし、あら熱がとれたところでバジルを茎ごと入れて香りづけを。容器に入れて保存します。
はい、お腹も空いてきたのでパスタをつくります。トマトソースにガーリックオイルを入れて火にかけ、スパゲティとゆで汁を投入。塩、黒こしょうで味をととのえてできあがり。お好みでパルミジャーノやバジルをかけていただきます。仕込みからここまで長かった〜。でも**最高のトマトソース**ができあがりました！

トマトソース

材料

ソフリット…80g
カットトマト缶…3缶
塩…ふたつまみ
バジル（茎ごと）…1枚

〈トマトソースパスタ〉1人分
トマトソース…適量
ガーリックオイル…大さじ1
パルミジャーノレッジャーノ…適量
塩、黒こしょう…適量
バジル…適量
スパゲティ…80g

おもてなし料理の鉄板。悶絶スペアリブ

1
スペアリブは塩を振り、オリーブオイルでにんにく、ローズマリーと焼く。

2
香ばしく焼けたら平たい鍋に一面に並べて、ソフリットを入れます。

3
赤ワインのアルコールを飛ばして煮詰め、酸味と渋みをおさえます。

4
赤ワイン、水、ブロード、ローリエを入れてスペアリブを煮込みます。

ソフリットのアレンジ料理、続いては**絶品スペアリブの煮込み**を紹介します。テーブルに並べたら歓声があがるやつですね。赤ワインとソフリットで煮込んだら、そりゃあうまくないわけないやーん。

はい、いきなりテンション高くてすみません。つくっていきましょう。まず、スペアリブをにんにくとローズマリーで香りづけしながら焼きますが、このとき、**脂身から焼くと香ばしくなります**。焦げないように鍋を動かしながら焼きましょう。**中弱火でじっくりと**。香ばしく色づいたら平たい鍋にスペアリブを並べてソフリットをイン。フライパンに残った肉汁と赤ワインを一緒に煮詰めて鍋に加え、水とブロード、ローリエ

を入れてスペアリブをコトコト煮込みます。弱火で1時間30分。もし甘みのある味にしたかったら、**はちみつを入れてもオッケー**。じっくり煮込んでいる間、甘～い香りに包まれて待つのもオツなひとときです。

スペアリブの赤ワイン煮込み

材料

スペアリブ…8本
ソフリット…80g
赤ワイン…1／2本
にんにく…3片
ローズマリー…2枝
ローリエ…2枚
ブロード…250㎖
水…500㎖
オリーブオイル…大さじ2
塩…少々
はちみつ…お好みで

鶏と香味野菜でつくる。イタリアのお出汁ブロード

僕の料理ちゃんねるでもよく出てくる、お出汁といえば、そうブロードです。**素材のうまみを抽出するお出汁づくり**は、お料理DIYを楽しむ上での大切なプロセス。香味野菜のブロード、鶏のブロード、鴨のブロード、鯛のアラのブロードと、どれだけブロードつくってんねんと、巷では

鶏と香味野菜のブロード

材料

丸鶏…1羽
鶏がら…1.5～2kg
玉ねぎ…3個
にんじん…2本
セロリ…2本
ローリエ…2枚

パンチェッタに続いて“**ブロードおじさん**”として知られております。

さて今回紹介するのは鶏と香味野菜のブロード、**「ブロード ディ ポッロ」**です。**鶏のうまみと野菜の甘みを引き出した味わい**はとてもやさしく、すばらしくうまい。鶏はよく洗い、野菜はとけないよう丸のまま入れます。とけてしまうと味がぼけてしまうんですよね。ポイントはそれくらいかな。では、いってみよ！

お出汁とるなら丸鶏がやっぱりいちばんよね

いってみよ!

1 丸鶏と鶏がらを用意します。冷凍で買ってきたので流水で解凍してあります。

2 鶏がらの中に肝があるので、指ではずしておきましょう。

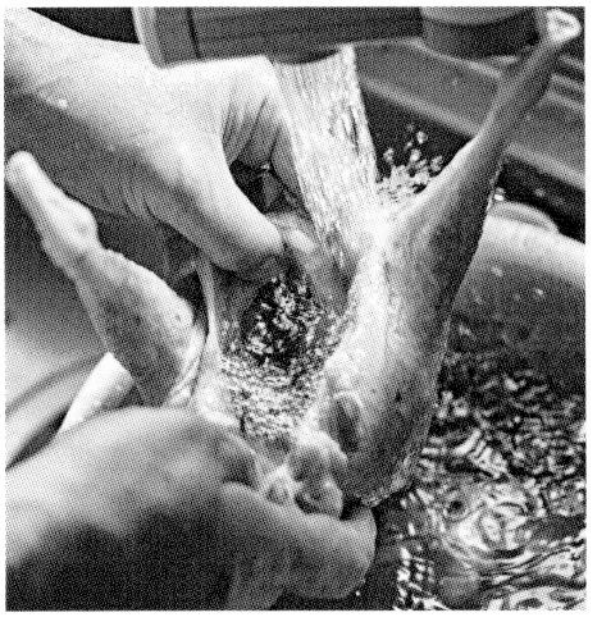

3 鍋に丸鶏を入れ、流水にさらして洗います。鍋の水が透明になるまできれいに洗います。

4 このくらい透明になったらオッケー。火にかけていきます。

今回使うのは**冷凍の丸鶏と生の鶏の胴がら**。丸鶏は流水で解凍しておきます。胴がらは中に肝があるので抜いておきましょう。鶏の独特のくさみがすでに漂っていますが、**このくさみをおさえつつ、いかに濃厚なうまみを凝縮していくか**というところにフォーカスしてつくっていきます。

　そのためのポイントは2つ。しっかり血抜きして**きれいに洗ってから煮込む**こと。煮込み中は**こまめにアクと脂を取り除く**こと。いたってシンプル、そして地道すぎる。でも、この地味な作業がおいしいお出汁の秘訣です。火加減はボコボコ沸かさず中弱火でね。

　さてさて、やっと完成し

5
アクを取りながら、中弱火くらいで煮ていきます。脂も浮いてくるので取り除き、ある程度引いてきたら、くさみ消しにローリエを。

6
1時間経ったら、香味野菜を丸ごと入れていきます。まずは玉ねぎとにんじんを入れてさらに煮込みます。

7
野菜を入れて1時間経ったら、セロリの茎と葉っぱ、にんじんの皮など細かい野菜を投入。ここから1時間。中弱火のままです。

8
煮込み合計3時間、ついにブロードが完成。ざるでこしていきましょう。この黄金色がすばらしい。おつかれさまでした!

ましたブロード。保存するときは製氷皿に入れて凍らせるのがおすすめ。**"ブロード氷"**にしておけば、パスタのゆで汁と一緒に入れたり、リゾットやスープのお出汁にしたりと、いろんな料理に必要な分だけ使えてとても便利。あらゆる料理の風味をよくしてくれる、まさに**万能調味料**です。

リゾットつくらないなんてありえない

ブロードつくったら、リゾットつくらないなんてありえないですよね。すみません、見出しに続いて2回同じこと言いました。でも、それくらい**ブロードのうまみを満喫するにはリゾットをつくってほしい**んです。そうそう、僕、**リゾット普及委員会の会長**もやっています。動画を見てくれている方はもうご存じですよね。

　またも前置きが長くなりました。さ、つくりましょう。炒めるとトロトロになる下仁田ねぎを使います。斜め切りにしてガーリックオイルとバターで炒め、とろっとしたところに手のひら1杯のお米を投入。塩を振り、お米にバターが絡まったらブロードをひたひたに入れて炊いていきます。その間にポーチドエッグづくり。小鍋にお湯を沸かして塩とワインビネガーをひと回しして卵をぽとん。弱火でじわじわ〜と卵を固めます。そうこうしているうちにリゾットが炊けました。お皿に盛りつけてポーチドエッグ、黒こしょう、チーズをかけて最後に**トリュフオイルで香りづけ**します。**卵とトリュフってめちゃ合う**んですよね。そしてナイフで卵を割る瞬間、たまらんよね〜。

トリュフオイルが香るリゾット。贅沢！

トリュフ風味のリゾット ポーチドエッグのせ

材料［1人分］

ブロード…適量
下仁田ねぎ…20㎝
卵…1個
バター…10g
ガーリックオイル…適量
塩、黒こしょう…適量
パルミジャーノレッジャーノ…適量
ワインビネガー…適量
トリュフオイル…適量
米…手のひら1杯

たまら〜ん!

冷蔵庫に転がっている野菜でつくってね

ブロードさえあればできるお料理、それがミネストローネ。使うお野菜は冷蔵庫にある余りものでオッケー。甘みを出すのに玉ねぎだけはあるといいかな。

つくり方はすごく簡単。野菜を同じ大きさにカットして炒め、ブロードで煮込むだけ。**にんにくは切らずにつぶして使うと上品な香り**が立ちます。野菜は入れる順番だけ気をつけて、基本は**中弱火でくたくたになるまで**煮込みましょう。

ブロードのうまみと野菜の甘みが**なんともやさしいお味に仕上がります。**

1 なすは皮を面取りしてから1㎝角にカット。ほかの野菜もすべて同じ大きさにそろえます。

2 じゃがいもは水にさらしてアク抜きします。今回はこのじゃがいものホクホク感が主役です。

3 オリーブオイルとにんにくを入れ、香りが立ったら取り出して。セロリ、にんじん、玉ねぎを中弱火で。

くたくた野菜のミネストローネ

材料［2人分］

ブロード…適量（野菜がひたひたになる量）
玉ねぎ…1／3個
にんじん…1／3本
セロリの茎…10㎝
なす…1／2本
ズッキーニ…1／3本
トマト…1個
キャベツ…3枚
じゃがいも…2個
マッシュルーム…3個
にんにく…1片
オリーブオイル…適量
塩…適量
パルミジャーノレッジャーノ…適量

4 玉ねぎがしんなりしたらマッシュルーム、ズッキーニ、なす、キャベツを入れて塩で下味。しんなりしたらブロードを加えて強火。

5 沸騰したらじゃがいも、トマトを入れて中弱火に。アクを取りながら30分。最後にチーズとオリーブオイルをかけて。

こよなく愛する国産にんにくが香るオイル

にんにくの香りとエキスを抽出します

レストランをやっていたときに毎朝必ず仕込んでいたのがこのガーリックオイル。**にんにくのエキスと香りを抽出したオイル**はどんなお料理にも合います。イタリアンはもちろん、炒めものやチャーハン、ラーメンに入れてもおいしゅうなります。

まずはにんにくの皮をむいて鍋に入れ、オリーブオイルをたっぷり注ぎます。ちなみに僕は香りがいい国産のものを使います。にんにくは丸のまま、これ、お上品な味に仕上げるポイント。というのも、**にんにくは表面積が増えるほど香りが強くなる**んです。つまり、細かくするほど香りが強烈になり、丸っこのままだと上品な香りがつきます。

超弱火でクツクツ煮込み、にんにくがきつね色になったら、フォークでつぶして香りを立たせます。火が通ってやわらかくなっているので簡単につぶれますよ。うわ、いい香りがきた～、これがたまらんよね。さらにこんがりとするまで煮込みましょう。にんにくがサクサクとクリスピー状態になったら火からおろしてざるでこします。にんにくのあらゆるエキスを出し切っていますからね、濃厚です。最後に**同量のオリーブオイルで割ったら完成**。辛くしたい人は赤唐辛子を入れてもいいです。1～2週間もつのでいろいろと使ってみてね。

ガーリックオイル

にんにく(国産のもの)…4個
オリーブオイル…小鍋いっぱいの量

実はいちばん難しい。ペペロンチーノ

1
にんにくは2㎜の厚めのスライスに。芯を竹ぐしで押し出します。

2
にんにくと赤唐辛子を入れ、ガーリックオイルで炒めます。超弱火！

3
香ばしく色づいてサクサクになったら、一旦取り出しておきます。

4
火を止めてアンチョビとパセリを投入。ゆで汁を入れてからパスタを。

つくったことのある人ならわかるでしょう、**ペペロンチーノほど難しいパスタはない**。そう思いませんか？ カピカピに乾いてしまうんですよね。これ、油分と水分のバランスがポイントなんですが、水分が少ないとパサパサになってしまいます。

ペペロンチーノをつくるときは**シャバシャバになるまでゆで汁を入れるのはＮＧ**。パスタ同士がくっつかない程度の量を入れてください。そこにパスタを投入して和えていきましょう。パスタは表示時間通りにゆでて中火でチャチャッと仕上げ、最後に塩で味をととのえ、パセリを散らします。ちなみに**ゆで汁は塩分を濃いめにするとパスタの味が決まりやすい**。にんにくの風味、赤唐辛

にんにくを味わう幸せ！

子の辛みが利いたパスタはシンプルながら絶品。ガーリックオイルをつくったらぜひ試してみてね。

ペペロンチーノはゆで汁が決め手です

ペペロンチーノ

材料［1人分］

ガーリックオイル…大さじ2
にんにく…3片
赤唐辛子（枝つき丸ごと）…3 ～ 4本
アンチョビ…1 ～ 2枚
パセリ…適量
塩…ひとつまみ
スパゲティ…80g

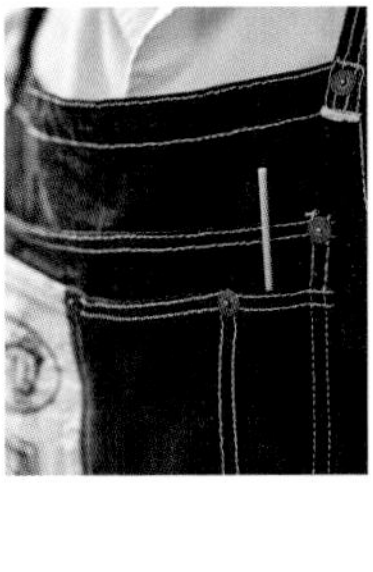

竹ぐしは何かと使うのでエプロンの定位置に刺しています。

辛くてうまい。スパイスオイルを常備

ガーリックオイルと必ず一緒につくっているのが**このスパイスオイル**。赤唐辛子とハーブの香りを抽出し、ピリッとした風味が利いてめちゃうまいんよね。味が決まらないなぁというときにかけるだけでおいしくなります。常備すると何かと便利。

赤唐辛子もフレッシュハーブもお好みでオッケーです。ハーブがなければ赤唐辛子だけでも。漬け込んだらちょっと時間をおいてできあがり。見た目もなんかおしゃれでいいでしょ？ この人、料理うまそうみたいな。赤唐辛子は加熱する方が辛くなるので、もし辛〜いのが好きな人はガーリックオイルを煮込むときに一緒に入れるのがおすすめです。

ちなみに、**赤唐辛子の種が簡単に取れる裏ワザ**。半分に割って容器に入れてシェイクすると、ぽろっと取れますよ。

赤唐辛子のスパイスオイル

材料

ガーリックオイル…適量
赤唐辛子…適量
お好みのフレッシュハーブ…適量
*今回はローズマリー、セージ、パセリを使用

PART 3

世界一パスタとリゾットを愛する男のガチレシピ

パスタもリゾットもおいしくいただくコツは下ごしらえにあり。食材に合わせた切り方やくさみ消しの下処理、さらに下味のつけ方や香りづけ等々。それらがバチッと決まって、あとはベストな火入れのタイミングでパスタやリゾットを仕上げていきます。そうしてできたお料理はどれも本当にめちゃおいしい。

この章では思い出の味や新作レシピなど、世界一愛すると豪語するからこそのガチレシピをお届け。気になるものからぜひ試してみてください。

絶品。冬の味覚の王様あんこうのパスタ

あんこう、おいしいですよねぇ。冬のお鍋が定番ですが、パスタもかなりイケます。2019年の冬に初めて動画をあげてから、毎年つくり続けているこちらのお料理、2020年、2021年と3シーズン目に入りました。レシピも更新されてさらにおいしくなっているのでお話ししますね。

決め手というほど難しくはないのですが、**あんこうの下処理を丁寧に行うことと煮込むときの火加減**でしょうか。前の章でもお話ししましたが、煮込み系はコトコト弱火で、おいしくなーれと念じてつくりましょ。

Bon Appetit!

3シーズン目にして悶絶レシピ、できました

1
あんこうの下ごしらえからスタート。ボウルに入れて、塩を多めに振りかけます。

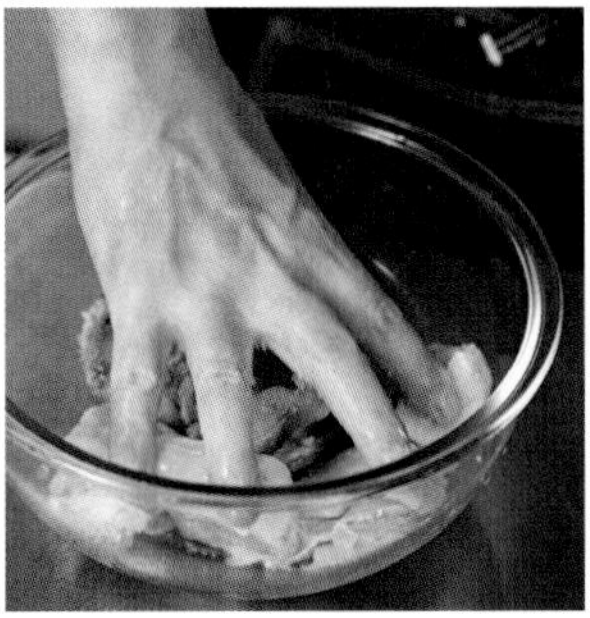

2
よくもみ込んで、あんこうのぬめりやくさみを落としていきます。

3
さっと水洗いしてざるにあげて水切り。手で触ってぬめりが取れたかをチェックします。

4
オリーブオイルとにんにく、赤唐辛子を入れて弱火にかけます。にんにくに火が入ったらつぶして香りを立たせ、取り出して。

こちらのあんこうのパスタ、**スーパーで売っている鍋用パック**をそのまま使ってつくれるから、お手軽でいいんよねぇ。冬になったらぜひチェックしてみてね。

　では、まずはあんこうの下処理から。**塩をよくもみ込んで水洗い**していきます。手で触ってぬめりが落ちていればオッケー。これで独特のくさみも和らぎます。

　続いてにんにく、赤唐辛子を火にかけて香りをオリーブオイルにうつし、あんこうとあさりを投入します。**あさりのうまみが加わるとグッと味に奥行きが出るん**よね、ぜひ入れてください。あさりが開いたら取り出し、そのあとはずっと弱火にします。**煮込み系はコトコト**

5 あんこうとあさりを入れて中火にかけ、白ワインを。煮立ったらカットトマト、タイム、オレガノを入れてグツグツと。

6 あさりが開いたら取り出し、ふたをしてあんこうを弱火で煮込みます。このとき、軽く塩を振っておきます。

7 あんこうに火が通ったら取り出しておきます。

完成!

8 パスタは表示時間の1分前に取り出して鍋に投入し、ゆで汁を少し入れてソースと煮込みます。最後に具材をのせて完成!

火入れするのが鉄則。そしてパスタに味をよ~くなじませるコツは早めにゆであげてソースで煮込むこと。パスタ自体にも少し辛めに塩分をつけておくと味が締まるので、これも覚えておきましょう。

あんこうのトマト煮込みパスタ

材料[3人分]

あんこう…1パック
あさり…8個
カットトマト缶…1/2缶
にんにく…3片
赤唐辛子…2本
オリーブオイル…大さじ2
白ワイン…大さじ2
タイム、オレガノ…適量
塩…適量
リングイネ…200g

断面が楕円状のリングイネはソースとよく絡み、味の濃いソース系にぴったり。

生のイワシ、最高。うまみたっぷりよね

イワシは素揚げで
うまみを凝縮させます

30年間パスタを食べ続ける男、まーやです。あれ、なんで改まっているの？と思ったみなさん、僕はイワシが大好きなので敬意を込めて自己紹介から始めました。ちなみに**30年間でイワシのパスタは400回**はつくっていますかねぇ。多いのかよくわからない微妙な数字ですが、イワシって本当においしくてコスパもよくて最高よね。

パスタの具材なので安いので構いません。**ただ鮮度だけは気にしてください**。鮮度が悪いとボロボロになってしまいます。

では、イワシを用意したらレッツ、クッキング〜。イワシは素揚げにしてから使います。下ごしらえの方法は126ページからのイワシのおつまみで詳しくお話ししますね。そうそう、ここでは鶏のブロードを使います。魚と鶏でも相性がいいんですよね、おいしく仕上がります。ちなみに**レーズンで風味を足します**が、これ**シチリア地方ではよくある料理法**。と、プチうんちく、レーズンを見かけたら披露してみてください。

フェンネルたっぷりが
まーや流です

フェンネルとレーズンが利いてる〜

1 イワシの素揚げは3尾ほど使います。きれいに揚がってますね〜。

2 手でぺりぺりと簡単に皮をむけるので、きれいにはがしましょう。

3 イワシ、赤玉ねぎ、フェンネルの茎を使います。茎ははがして1枚分です。ほかにレーズンとトマトも用意。

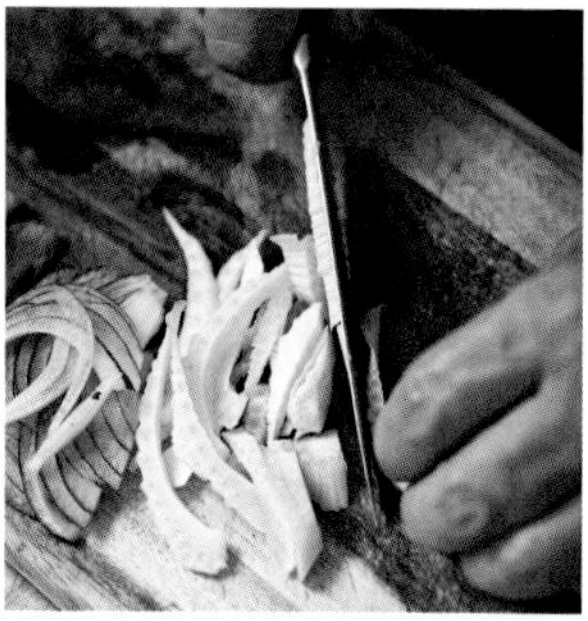

4 赤玉ねぎ、フェンネルは薄くスライス、トマトは八つ切り、レーズンはみじん切りに。フェンネルは繊維に逆らって切りましょう。

僕のイワシ愛をお伝えしたところで、このお料理のポイントをまとめると、**パスタを軽く煮込む**ことでしょうか。ゆで汁、ブロードの入ったお汁にイワシのうまみ、玉ねぎの甘み、トマトの酸味が加わり、それをスパゲティが吸い込む。言葉にするだけでうまそすぎます。**ゆで汁で水分量を調整**しながら、味見して塩加減をととのえましょう。

　そしてもうひとつ、プチうんちくを。イタリアのマンマ（お母さん）がよくやるにんにくの切り方です。

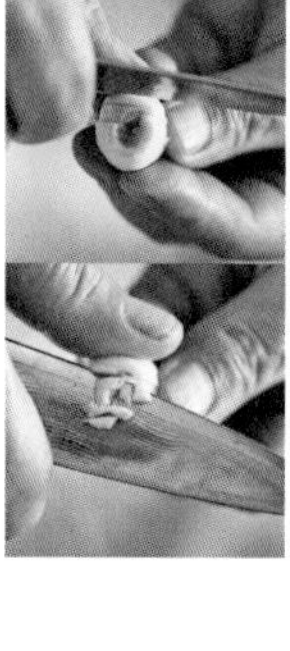

5
にんにくを細かく切ってオリーブオイルと火にかけ、香りを引き出します。

6
香りが立ったら赤玉ねぎ、フェンネルを炒め、しんなりしたらイワシとレーズンを入れて弱火でじっくり火を通します。

7
ブロードとゆで汁で軽く煮込み、トマト、パスタを和えます。味見して塩が足りないときは軽く振りかけて。

完成!

8
パスタに汁がなじんでとろっとしたらオッケー。お皿に盛ってオリーブオイルを回しかけ、フェンネルの葉と黒こしょうをかけて。

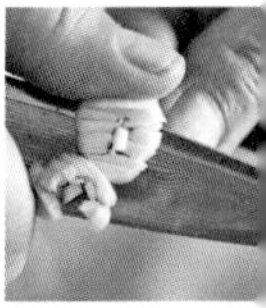

横に数本切ってから、縦に格子状に包丁を入れてそのまま鍋に落とします。まな板を洗わなくてすむようにという、忙しいマンマの知恵ですね。

イワシとフレッシュトマトのパスタ

材料［1人分］

イワシ（素揚げした状態）…3尾
トマト…1個
赤玉ねぎ…1／4個
フェンネルの茎…1枝分
フェンネルの葉…適量
レーズン（枝つき）…4粒
にんにく…1片
ブロード…適量
オリーブオイル…大さじ2
塩、黒こしょう…適量
オリーブオイル…適量
スパゲティ…80g

僕のお父さんがつくっていた懐かしい味

突然ですが、みなさん、子どもの頃の思い出の料理はなんですか？　僕はね、このトマトソースパスタです。実は僕の父親はイタリアンレストランをやっていたのですが、**昔ながらのなすとトマトのスパゲティ**はお店の人気メニューでした。

それを再現したのがこちらのレシピ。見た目は素朴ながら、食べると濃厚な味が広がってめちゃおいしい。**ソースにコクを出す秘訣はアンチョビをよく焼いて香りを立たせる**こと。**なすは揚げてから煮込んで**トロトロに。僕が料理好きになったのもこのパスタのおかげかもしれません。

おなすさん、
トロトロで絶品!

トロトロなすがうまい、秘伝のお味

なすとトマトのスパゲティ、食べたことがないという人はおそらくいないのでは？　大抵どのお店で食べてもうまい、家でつくってもおいしい。そんな**定番中の定番パスタを、悶絶パスタへと昇格**させていきます。

はい、いきなりまた自分でハードルをあげました。でもね、本当にこれはめちゃうまいので、ぜひつくってみてください。

早速、おなすさんの下ごしらえから始めましょう。4面だけピーラーで皮をむきます。そして輪切り。厚さは1㎝くらいですね。塩少々を振って下味をつけてから小麦粉をまぶします。粉をよくまぶして、粉をよく切る。はい、これポイントその1です。**小麦粉をまとわせることでソースにとろみが出ます。**

下ごしらえが終わったら、なすを揚げていきましょう。なすはやっぱり揚げるのがいちばんうまいと思うのですが、どうでしょう？　高温の油に入れ、色づいたら取り出します。サッと揚げればオッケーです。

ソースのつくり方も簡単です。まず、ガーリックオイルとアンチョビを火にかけます。**アンチョビを焼くというイメージで**、焦がさないように気をつけてアンチョビの水分を飛ばしましょう。するとね、ふわ～といい香りが立ってきます。そこにトマトソースを入れてパスタのゆで汁を加えてのばします。

ここで揚げたなすを加え、塩を軽く振ってからコトコト火を通します。

揚げなすを煮込む、これでね、おいしくなるんよね。はい、ポイントその2です。まぁ、おなすさんのうまみを上手に引き出せれば、このレシピは完璧ですね。

最後に味見して塩加減だけばっちり決めておきましょう。パスタがゆであがったら、今回はソースに絡めず、お皿に盛ってトマソースを上からかけます。フレッシュバジルを飾ってできあがり。さわやかなバジルの香りとトマトが好相性。チーズやこしょうをかけなくても十分おいしい。懐かしいなぁ、この味。**簡単につくれるこのトマトソースパスタ、みなさんの我が家の料理**に加えてくれたらうれしいです。

なすとアンチョビの濃厚トマトソースパスタ

材料［1人分］

なす…1本
アンチョビ…小ぶりサイズ1 ～ 2枚
トマトソース…70 ～ 90g
小麦粉…適量
ガーリックオイル…大さじ1
バジル…適量
塩…少々
スパゲティ…80g

くたくたブロッコリーだけでつくる幸せリゾット

僕がいちばん好きな野菜はフェンネル。その次に続くくらい大好きなブロッコリー。たまには主役として味わってみたいと、生まれた新レシピです。名づけて「**ブロッコリーだけでつくる幸せリゾット**」。きれいな緑色、やさしいお味はひと口食べるだけで至福のひとときに。ワインともよく合い、晩ごはんとしてももちろんイケるので、家族みんなで楽しんでみてください。

ブロッコリーは**芯部分をペースト**にし、**房部分をくたくたに煮込んでリゾット**にします。まさに丸ごと味わうお料理、捨てるところはありません。仕上げにパルミジャーノをたっぷりかけましょう。これがとてもよく合うんよね。

Bon Appetit!

空気読まずにリゾット普及、続けます

僕の動画ちゃんねるでもリゾットをよくつくるんですが、パスタほど反響ないんですよね。おいしいのになんでかな。このおいしさ、みんなに知ってもらいたいから、空気読まずにつくり続けています。そしてこちらは**新作リゾット**。**ブロッコリーのおいしさを堪能**できます。色もきれいでしょ？

まずはペーストづくりから。ブロッコリーの芯はスジを取ってやわらかめにゆでます。**すぐに氷水にさらす**のがきれいな色をキープする秘訣です。ブロードと一緒にミキサーにかけたら

1 ブロッコリーを房と芯に分けます。ペーストには芯を使用。包丁でそいでスジを取っておきます。

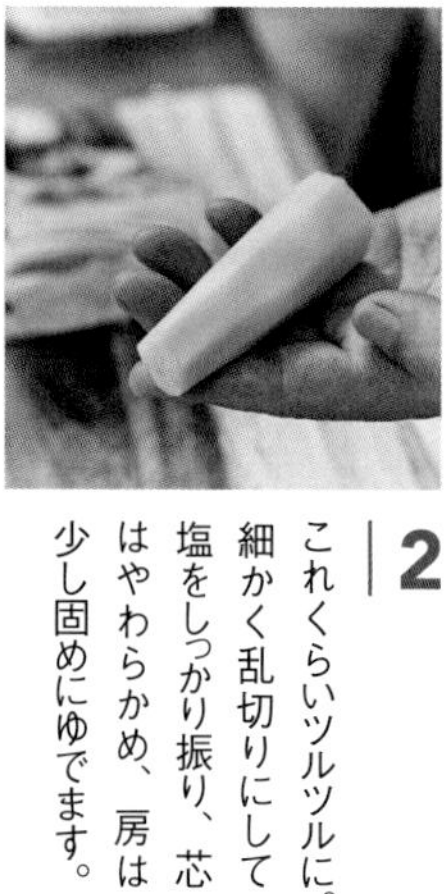

2 これくらいツルツルに。細かく乱切りにして塩をしっかり振り、芯はやわらかめ、房は少し固めにゆでます。

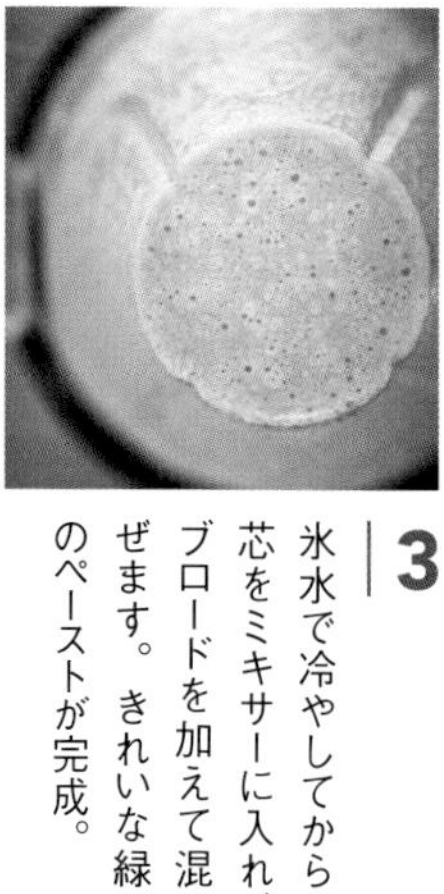

3 氷水で冷やしてから芯をミキサーに入れ、ブロードを加えて混ぜます。きれいな緑のペーストが完成。

ペーストのできあがり。

　リゾットのお米はイタリア米を使ってみます。日本米よりも粒が大きく、食べ応えがありますね。イタリアの人はパスタを食べる感覚でお米を食べますが、日本人は好き嫌いが分かれるかも。僕は好きですね。

　正直こちらのレシピはあってないようなもの。ペーストとブロッコリーの房はお好みでいくら入れてもよし。ヘラでつぶしながら**くたくたになるまで煮込み**ます。そうそう、リゾットをおいしくつくるポイントは平たいお鍋で、炊くのではなく**ゆでる感覚で仕上げる**と上手くいきます。最後にチーズとオリーブオイルをかけて完成。

くたくたブロッコリーのリゾット

材料［1人分］

ブロッコリー…1房
ブロード…適量
バター…15g
塩…適量
パルミジャーノレッジャーノ…適量
オリーブオイル…適量
イタリア米…手のひら1杯

4 フライパンにバターを入れて火にかけ、お米を炒めます。お米に透明感が出てきたらブロードを投入。

5 ブロッコリーのペースト、手でちぎった房を入れて煮込みます。アクが出てくるので取り除きながら。

ボロネーゼ余ったら、ライスコロッケに

ライスコロッケなんて家でつくれるの？と思う人、いるかもしれません。はい、つくれます、ちょっと大変です。でもめちゃめちゃおいしいです。PART1でボロネーゼをつくってくれた方、そのままライスコロッケにもぜひ挑戦してみてください。レストランの味がいただけます。

そうそう、日本ではライスコロッケという名前でおなじみですが、イタリアでは**北の地方では「スップリ」、南の地方では「アランチーノ」**と言います。僕ね、昔、イタリアに行ったときに、南のシチリア島だったんですけれど、くったくたになったほうれん草とチーズの入ったライスコロッケが忘れられないほどおいしくて。その思い出がきっと**僕にリゾット普及を続けさせる**のでしょう。こだわりもひとしお、というわけなんです。

まずはボロネーゼのリゾットをつくっていきます。お米にバターをよく絡ませてから塩で下味をつけますが、今回は**酸味がほしいなと思ってボロネーゼにトマトソースも加えました**。その辺りの加減はお好みで試してくださいね。このあと、続きますよ！

チーズがとろ〜り。
幸せな瞬間やね

チーズが電話線のようにのびるから〃テレフォーノ〃

1 ボロネーゼはまとめてつくって保存すると、いろいろ使えて便利。このボロネーゼを使い、リゾットを炊いていきます。

2 バターと手のひら2杯分のお米を入れ、塩を軽く振ってじっくり炒めます。お米にバターを絡ませるように。

3 お米が透き通ったら、ブロードを入れてトマトソースとボロネーゼを加え、さらに煮込みます。火加減は中弱火で。

4 リゾットができたらパルミジャーノを大さじ2杯ほど振りかけてなじませます。

先ほどトマトソースの酸味を加えて好みの味つけにするところまでお話ししました。では、その続きから。

ボロネーゼのリゾットが炊けたらパルミジャーノを入れて味をととのえ、バットで冷まします。8つに分けて俵形のおにぎりのように握っていきましょう。

あ、中に入れるチーズですが、モッツァレラといってもイタリアのフレッシュチーズではなく、**ニュージーランド産の固いタイプ**を使っています。これ、モチモチと弾力があって、のびがめちゃいいんですよね。最近はチーズタッカルビなどの料理でも使われている人気のチーズです。

加熱してチーズがあふれ

5

バットにあげて冷まし、8等分に。俵形に握っていきましょう。中央にモッツァレラチーズを入れます。

6

小麦粉、卵、パン粉をつけてぎゅっぎゅっとくずれないようにしっかり握って。

7

はい、ではここから揚げていきます。油の温度は160～170度でやや低め。

8

フライパンは接地面が焦げやすいので、こまめに転がしながら揚げていきましょう。竹ぐしを刺してチーズがとけていれば完成。

てこないように**きっちりと真ん中に入れ、しっかり固めに握る**のも大事なポイント。ビヨーンとのびるチーズがまるで電話線みたいなので、**「スップリ アル テレフォーノ」**と呼ばれます。

スップリ アル テレフォーノ

材料［8個分］

ボロネーゼ…スプーン山盛り3杯
トマトソース…スプーン1杯
モッツァレラチーズ…適量
ブロード…適量
バター…20g
パルミジャーノレッジャーノ…大さじ2
小麦粉、卵、パン粉…適量
塩…少々
サラダ油…適量
米…手のひら2杯

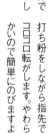

もっちもちでおいしい手打ち麺ピチ

1 まず、ボウルに打ち粉以外の材料をすべて入れてよく混ぜ合わせます。

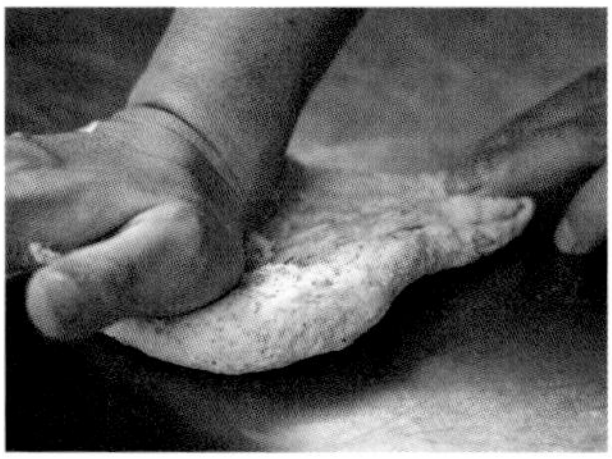

2 手のひらで押し込むようにしてなめらかになるまでぎゅぎゅっと。

3 2～3㎜の厚さに麺棒でのばし、包丁でカットしていきます。

4 打ち粉をしながら指先でコロコロ転がします。やわらかいので簡単にのびますよ。

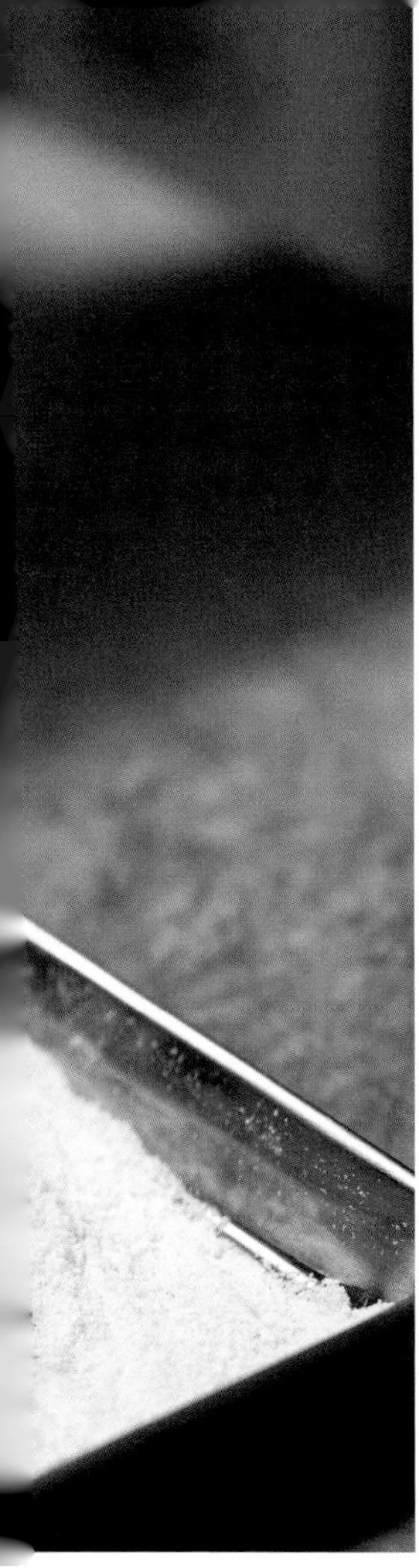

僕の動画ではちょっとややこしい手打ち麺も紹介していますが、たくさんの人につくってもらいたいので、**とっかかりやすい麺**、**ピチ**をつくっていきたいと思います。こちらはパスタマシンも要りません。**麺棒があればできあがる**、しかも20分でオッケーのうれしい手打ち麺。

トスカーナの伝統的なつくり方は強力粉だけですが、僕は**ライ麦の全粒粉をミックスして香ばしさと食感**を与えていきます。材料をすべてボウルに入れて混ぜるだけ。やわらかい生地なので成形も大して疲れません。指先でコロコロ転がすときだけ、力を入れすぎないよう注意しましょう。いびつな形になってしまいます。ま、それも素朴さが増して味なんや

お家でもできる簡単手打ち麺

けどね。軽〜く転がすだけで十分です。

昔、レストランでは10人分を仕込むのに1時間以上かかって心が折れそうになっていましたが、**2人分なら20分でできます**。めちゃ簡単で打ちたてのおいしさが味わえます。ぜひチャレンジしてみてね。

手打ち麺ピチ

材料［2人分］

強力粉…135g
ライ麦の全粒粉…15g
セモリナ粉（打ち粉）…適量
ぬるま湯…75㎖
塩…ひとつまみ
オリーブオイル…適量

ルスティカという強力粉を使いました。風味豊かでおすすめです。

〝チーズとこしょう〟という名のパスタ

ピチができたら、早速パスタをつくりましょう。ピチの風味を味わうべく、使うのはバターとチーズ、黒こしょうのみ。「カチョ エ ペペ」というこのお料理はローマの名物パスタです。**中部イタリアの方言でカチョはチーズ、ペペはこしょうという意味。**ちょっとかわいらしい名前もいいんよね。

ゆで時間は約4分。フライパンでバターをとかしてチーズと黒こしょうを入れ、ゆで汁をレードル2杯くらい入れます。正直、全部適当でいいです。好みで黒こしょうが多くても、チーズたっぷりでも絶対においしく仕上がります。ソースを混ぜ合わせたら、ピチを入れて絡めていきましょう。

あえて盛りつけもシンプルにして素朴なひと皿にしてみました。**イタリアの田舎の食堂で出てくるようなお料理をつくりたい**というのもお料理DIYと並ぶ、僕のこだわりです。

さあ、温かいうちにボナペティート！

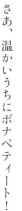

カチョ エ ペペ

材料［1人分］

バター…15g
黒こしょう…適量
パルミジャーノレッジャーノ…適量
ピチ…80g

ニョッキはイタリアのおかんの味

1 じゃがいもをゆでて皮をむき、裏ごし。ゆでるときはくずれないよう、沸騰させず90度くらいの温度で火を通します。

2 グッグッと上から押しつぶし、じゃがいものホクホク感を生かすようにします。

3 台の上でチーズを合わせ、強力粉をふるって、切るように混ぜ合わせます。オリーブオイルと塩も加えます。

4 ほぐすように生地を切りながら混ぜ、中央に卵を割り入れます。

あまり家でつくるイメージはないと思いますが、ニョッキって、言うなれば、日本のすいとん。お手軽なんよね。だから、イタリアでもマンマ（お母さん）がつくる料理です。

つくるプロセスもすごく簡単。じゃがいもをゆでて裏ごしし、強力粉と練って生地をつくります。ポイントは粘り気を出さずに**じゃがいもの風味を生かす**こと。ヘラで引っ張るように裏ごしすると粘り気が出てべちゃっとした生地になってしまいます。台の上でまとめるときも打ち粉をしながら**練りすぎないよう**ご注意を。

また、強力粉の分量も水分を見ながら調整しましょう。強力粉が多いと粉っぽ

5 生地をひとつにまとめるよう、手のひら全体を使ってぎゅっと押し込んでいきます。

6 このくらいにまとまればオッケー。水分が多すぎず少なすぎない状態を目指します。

7 手のひらで細くのばし、おばあちゃんのひと口大の大きさにカットしていきます。

完成!

8 カットしたニョッキは断面を親指の腹で押して成形。きっちりやらずに適当なくらいで。素朴な感じが出ていいもんです。

くなってしまうし、少ないと味はおいしいけれど、ゆでてくずれてしまいます。いい塩梅を知るにはやっぱり何度もつくってみることが何よりの秘訣です。

じゃがいものニョッキ

材料［6人分］

じゃがいも…小8個くらい（400g）

強力粉…120g

パルミジャーノレッジャーノ…30g

卵…1個分

オリーブオイル…適量

塩…ひとつまみ

ニョッキに合うソースを今も考え中

ニョッキはつくり方は簡単なんだけれども、実は僕的にはおいしくつくるのが難しいなぁと感じている料理のひとつです。なんだろ、**ニョッキにいちばん合うソースって？**とずっと模索しているところ。このゴルゴンゾーラチーズのソースはその中では自信作なので紹介させてください。

と、その前にゴルゴンゾーラって**独特のクセのある風味がおいしい**ですよね。実は2種類あるんです。「**ピカンテ**」というのは辛いという意味でカビが多くついているタイプ、「**ドルチェ**」というタイプはカビが少なくて甘みが強め。スーパーで買うときはそんなところもチェックしてみると楽しいかもしれません。

では、お料理をスタート。フライパンの中でくるみをつぶし、バターを入れて軽く炒ります。くるみがソテーできたらゴルゴンゾーラチーズと牛乳を火にかけ、チーズをとかします。そこにゆであがったニョッキを投入。中火でソースとニョッキを絡め、パルミジャーノを振り**お皿に盛りつけたらシナモンを削りましょう。**お好みではちみつを垂らして、イタリアの家庭料理をさあ、召し上がれ。

じゃがいものニョッキ
ゴルゴンゾーラチーズソース和え

材料［2人分］

ゴルゴンゾーラチーズ…25 ～ 30g
くるみ…適量
バター…10g
牛乳…適量
パルミジャーノレッジャーノ…適量
シナモン、はちみつ…適量
ニョッキ…150g

レストラン時代の思い出。鶏肉とごぼうのパスタ

世界一パスタを愛する男、私まーやがおすすめするガチレシピの最後は**鶏とごぼうの煮込みパスタ**です。具材を煮込んでソースにする、いわゆるラグー系ですね。下処理さえクリアすれば、コトコト煮込んでおいしくできあがります。

ごぼうの土の香りと鶏レバーの独特の風味、カリカリに焼いた鶏もも肉のうまみ。これらを合わせて白ワインでキリッと引き締めるおソース、なんともこの文章だけでワイン2杯は飲めそうでしょ。ごぼうってパスタにするとめちゃめちゃおいしいんですよね。

僕が**レストランでシェフをしていたときの思い出のメニュー**でもあるパスタ、早速、いってみよ！

Bon Appetit!

レバーの下ごしらえから、いってみよ！

1 レバーを包丁の先で開き、血のかたまりを取り除いて。丁寧に行うことで生ぐさみが変わってきます。

2 ボウルに牛乳を入れて、レバーを軽くもみ込みます。こうすると血が抜けてきます。さらに牛乳にはくさみを消す効果も。

3 血のかたまりが残っていないかチェックしながら、牛乳から取り出し、ざるにあげます。

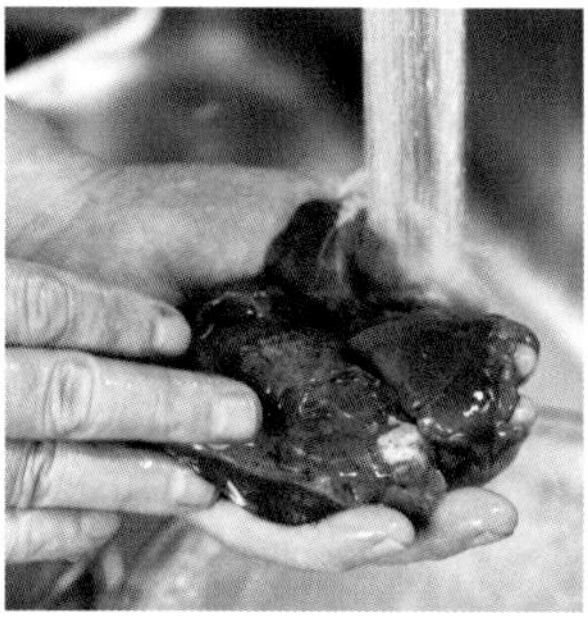

4 さっと水洗いして下処理は完了。この時点でだいぶレバーのくさみは消えているはず。

このパスタ、食材の下処理がちょっと大変。でもその分、おいしいんよね。レバーは血のかたまりがついてくるのできれいに落とすところから。**いかにきちんと処理するか**でくさみが変わってくるので、ここは丁寧にやっておきたいところ。面倒だけど、楽しい。**お料理DIYの真骨頂**です。

ごぼうもあまりに土くさいときはアク抜きしますが、基本は塩を振って水にさらしておけば十分。そして鶏もも肉はグリルパンでこんがりと焼き目をつけておきます。これがパスタになったときに香ばしい香りになるんよね。ガーリックオイルの代わりにオリーブオイル、グリルパンではなくフ

5
続いてごぼうの下ごしらえを。洗ったごぼうを回しながら切り、乱切りにします。

7
鶏もも肉は皮目だけガーリックオイルを塗りつけて、塩を軽く振って下味をつけます。

6
塩をかけて水に浸し、5分ほどつけて土くささを取り除きます。

続くよ!

8
グリルパンを中火にかけ、鶏もも肉をカリカリに焼いていきます。レバーと一緒についていたハツも串に刺して焼いちゃいます。

ライパンでもオッケーです。あ、レバーにハツもついてきたから、**焼き鳥もつくっちゃいました。**つまみ食いしながら、お次はいよいよパスタづくりへ!

ラッキー。ハツもおいしくいただこう

鶏とごぼうをコトコト炊くのがコツ

レバー、鶏もも肉、ごぼうの下ごしらえが終わったら、さあ、パスタをつくりましょう。まず、炒めるのはレバーから。塩を振ってガーリックオイルをひき、中弱火でレバーの水分を引き出します。ある程度火が通ったら、ごぼう、ローリエ、セージ、ローズマリーも入れてよく炒めます。**水分がなくなるまでじっくり**、が大事なポイント。

煮詰まったら白ワインを投入。酸味を加えて**キリッと引き締まったお味**を目指します。白ワインが煮詰まったらソフリットとブロー

9 レバーに軽く塩を振り、ガーリックオイルで炒めます。続いてごぼう、ローリエなどのハーブも投入。

10 レバーを炒めると水分が出てくるので水分がなくなるまでじっくり炒めて、白ワインを注ぎます。

11 白ワインが煮詰まったらソフリットとブロードを入れ、さらにひと口大に切った鶏もも肉を入れてコトコト30分。

ドを入れます。レバーとごぼうの風味に白ワインの酸味、ブロードのうまみって、どんだけうまそうなんやぁって、期待がふくらみます。そうしたら鶏もも肉も一緒に煮込んでいきましょう。**火は超弱火**です。**クックツ煮込んで30分**くらいかな。

ソースができたら、仕上げの工程へ。ソースとパスタのつなぎにバターを入れましょう。もし煮詰まりすぎた場合はブロードでのばします。パスタは**四角い断面のキタッラ**を。濃厚ソースとめちゃ相性がいいんよね。ゆであがったパスタを超弱火で和えて、最後にチーズ、黒こしょうを振ってさあ、ボナペティート！

鶏肉とレバー、ごぼうの煮込みパスタ

材料

〈煮込みソース〉
鶏もも肉…250g
鶏レバー…250g（もも肉と同量）
ごぼう…1／3本
（125g。もも肉の半量）
牛乳…適量
ガーリックオイル…大さじ2
白ワイン…40㎖
ソフリット…50g
ブロード…適量
ローリエ…1枚
セージ…2枚
ローズマリー…2枚
塩…少々
*煮込みソースは多めにつくり、冷凍するのがおすすめ。

〈煮込みパスタ〉1人分
バター…10g
ブロード…適量
黒こしょう…適量
パルミジャーノレッジャーノ…適量
キタッラ…80g

キタッラ、あまり売っていないので見つけたら買っといてね。

12 煮詰まってくるとこんな感じに。鶏とごぼうのなんともいい香りが立ち込めます。「おいしそっ」。

13 煮込みソースをフライパンにうつし、ゆであがったパスタを和えます。チーズ、黒こしょうを振って完成。

PART 4

簡単&やみつき。傑作おつまみ

手間と時間と愛情がお料理をおいしくすると最初に言いました。すみません、もうひとつありました。そう、お酒です。おいしいお酒と料理がそろうと本当最強よね。ここからはお酒のアテにおすすめレシピをお届けします。

基本的にどれも簡単。飲みながら楽しくつくれますが、どこかひとひねりさせてください。食材の組み合わせや上にのせる風味づけなどちょっとアレンジを利かせています。深〜い味にお酒がさらに進んじゃうこと間違いありません。

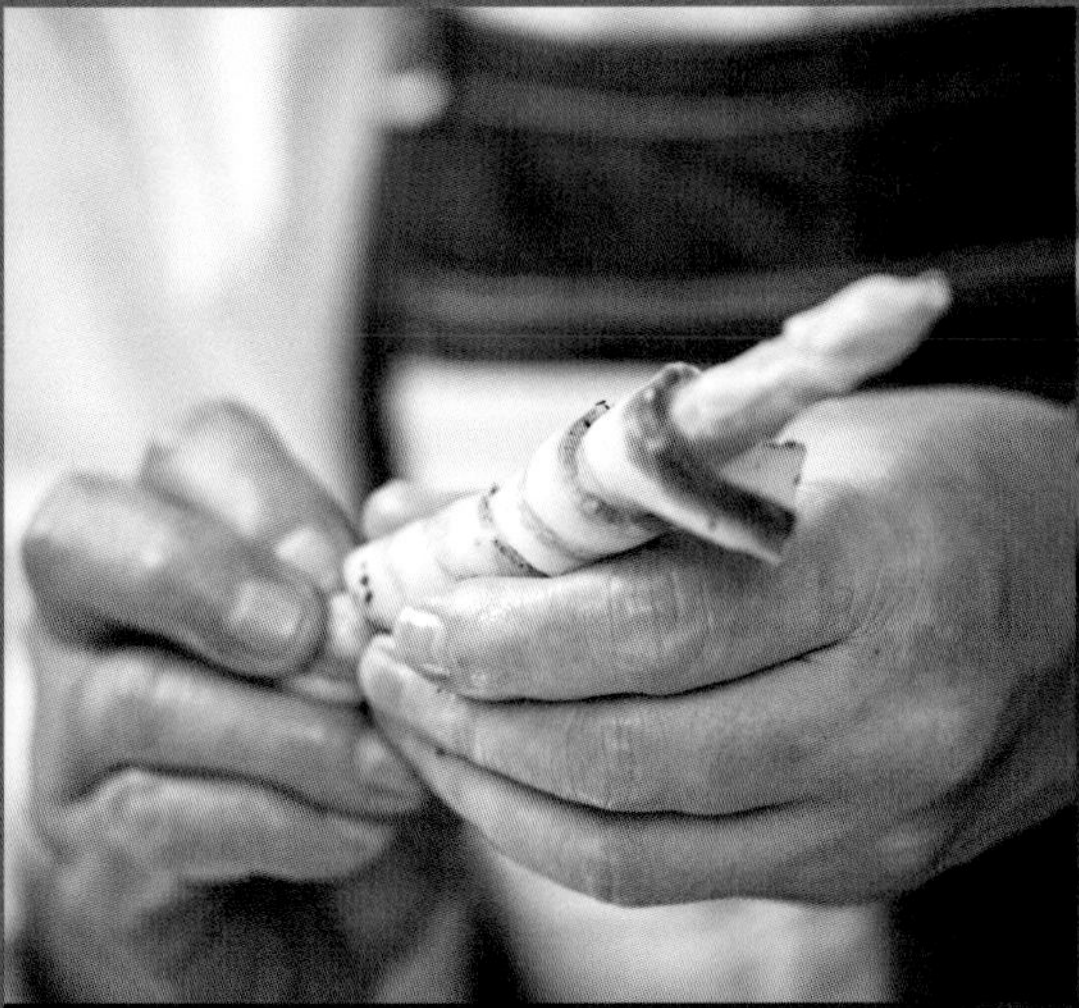

前菜や家庭料理の定番。ふわふわオムレツ

イタリアンレストランに行ったら、よく前菜にカットされて出てくる卵料理、食べたことありませんか？　そう、これ、イタリア風オムレツの「**フリッタータ**」です。冷めてもおいしくいただけるんよね。**家庭料理としても定番のお味**です。

日本のオムレツはフライパンの片側に卵を寄せて半月型にしますが、イタリアでは全面に広げてまん丸にします。ひっくり返すのがちょっとムズイけれど、上手くいくとうれしいんよね。ちょっとやってみてください。

中に入れる具材はなんでもいいのですが、パンチェッタをつくったなら、ぜひ入れてみて。**程よいうまみ、塩味が加わって絶品のオムレツ**ができあがります。

スクランブルエッグのようにくるくると

フリッタータは具沢山につくるのがおいしさの秘密です。野菜は冷蔵庫にあるもので何でもオッケー。**同じ大きさにカットして食感と火の通りを均一**にします。お手軽ながら、パンチェッタのうまみと炒めた野菜の甘みが合わさると、立派な一品に変身!
はい、では、パンチェッタと野菜を炒めたら、ボウルに入れて卵と合わせて焼く。レシピは以上。って、え、早すぎるでしょとツッコミが入りそうなので**ふわふわの秘訣**をお話ししますね。
まずは火加減。具材を炒

1 パンチェッタを拍子木切りにして、オリーブオイルをひいて中火で炒めます。

2 玉ねぎ、ズッキーニ、パプリカをスライス。すべて同じ大きさにそろえましょう。

3 野菜に軽く塩を振って炒めます。

めるときは中火でじっくりと火を通します。オムレツ液をフライパンに流し込んだら、最初は強火です。**卵料理は火加減が命**ですから、ここは手早く行いたいところ。菜箸でくるくると混ぜ合わせて空気を含ませたら、火を弱めていきます。中弱火で形を整えながら、ヘラでひっくり返す。返してからは弱火で仕上げましょう。そうそう、オムレツを焼くときは**オリーブオイルをたっぷりと使う**こともポイントです。

続いて卵液。卵だけだと固くなってしまうので、牛乳と生クリームを入れてゆるくします。ゆるめの液を手早くかき混ぜて、ふわふわ～を目指しましょう。

たっぷり野菜のフリッタータ

材料

卵…4個
パンチェッタのスライス…2枚
冷蔵庫にある野菜なんでも
*今回は玉ねぎ、ズッキーニ、パプリカを使用
パルミジャーノレッジャーノ…適量
牛乳…適量
生クリーム…適量
塩…少々
オリーブオイル…適量

4 野菜がしんなりしたら、ボウルに入れて卵を割り入れ、牛乳、生クリーム、パルミジャーノを投入。

5 オムレツ液を入れ、菜箸でくるくると混ぜます。形が整ったら、ひっくり返し、弱火で火を入れます。

ビール片手に。さくさくブルスケッタ

1 バゲットをスライスして、軽く焼きます。表面を固めるように両面焼いて。

2 ある程度固まったら、バゲットの片面ににんにくを直塗りします。

3 にんにくを塗った面にオリーブオイルを塗ります。

4 にんにくとオリーブオイルをつけた面から焼いてこんがりさせます。

ブルスケッタとは、そう、見ての通り、ガーリックトーストのことです。これを考えた人って本当すばらしいよね。こんだけシンプルなのにめちゃくちゃうまい。お酒を飲み始めてからつくっても絶対失敗しないし。

僕の家はオーブントースターがないのでグリルパンを使っていますが、フライパンでもトースターでもオッケーです。ポイントは**にんにくを直塗りする**こと。**バゲットの表面を固めておろし金**のように使います。

にんにくをおろして塗る方法もありますが、この方が**上品な香り**が立って僕は好きなんよね。シンプルなのでトマトソースを塗ったり、チーズをのせたりしてもいいいし、アヒージョに付けるのもうまい。もちろん

ブルスケッタ

材料
バゲット…8切れ
にんにく…1.5片
オリーブオイル…適量

これくらい、こんがりと焼けたらひっくり返します。

パスタの付け合わせにも。焼いているときからにんにくのいい香りがして、毎回、できあがる前にビールがついつい進んでしまうんよね。

バゲットをおろし金のように使います

ホクホクれんこんがクセになるお味

1cmの厚さがいちばん
おいしいらしいです

はい、続いてどんどんいきますよ〜。こちらはアヒージョ。言わずもがなスペイン料理でおなじみのタパスです。好きな具材をオリーブオイルとにんにくで煮込む、**悪魔的にうますぎる小皿料理**。スペインバルに行ったら僕は必ず頼みます。

　アヒージョの具材で多いのはえびやマッシュルームあたりでしょうか。正直なんでもおいしいのですが、ちょっと**変わり種としてれんこんを使って**みましょう。加熱してやわらかくなったときのおいもさんみたいな**ホクホク食感**がいいんよね。

　まず、にんにくは香りを利かせたいので細かく切っておきます。表面積が増えると香りが強くなるという話、しましたよね。**丸のままだとお上品、切ると強烈**。にんにくは出したい香りの強さに合わせて下ごしらえします。れんこんは半月切りにし、強火でにんにくと一緒にグツグツ煮込みます。塩をふたつまみほど入れ、れんこんに竹ぐしを刺してスッと通ったら、アンチョビを投入。これでグッとうまみがアップします。さらにすりおろしたにんにくを加えて香りを立たせ、パセリを散らしてできあがり。さあさあ、温かいうちにかんぱーい。

れんこんと アンチョビのアヒージョ

材料
れんこん…20㎝くらい
アンチョビ…2枚
にんにく…3片
すりおろしたにんにく…1片分
塩…ふたつまみ
パセリ…適量
オリーブオイル…適量

コスパも味も最強！イワシの南蛮づけ

イタリアンに欠かせないお魚さんといえば、イワシ。パスタやフライはもちろん、アンチョビも。あるゆる料理をおいしくしてくれる、まさに主役であり、名バイプレイヤーでもあるイワシさん。そんな**イワシさんのうまみを存分に味わうお料理**「**イワシのカルピオーネ**」、そう、南蛮づけです。酸味もたまらんよね。

フレッシュな生イワシを使い、まず素揚げにしていきます。ちょっと多めにつくってパスタの具にするのもおすすめ。イワシの素揚げを使ったお料理、86ページでも紹介しています。安く手に入るので、失敗してもいいからとりあえずつくるべし。休日にビールを飲みながら挑戦してみてはいかがでしょうか？

Bon Appetit!

手開きでOK。イワシのおそうじ、覚えてね

1 イワシの下処理はまず頭とウロコを取って、内臓をはずします。

2 この状態にカットしたら、塩水につけておきます。

3 イワシは手で開くことができるのがいいよね。指で開き、内臓を取り除きます。

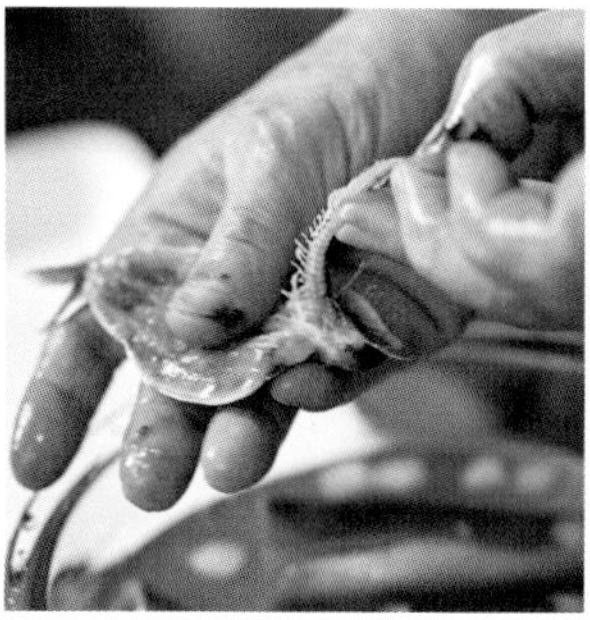

4 開いたら腹骨をはがします。ペリペリと簡単に取れます。最後に塩水できれいに洗っておきましょう。

下処理が簡単な点もイワシは優秀なんよねぇ。**手で簡単に開いて骨も取れる**ので、家族みんなで楽しくつくるのもおすすめです。

水切りをしっかりしたら、表面をカリッとさせるため小麦粉をはたきます。たっぷりはたいて余分な粉を落としましょう。あとは多めの油で揚げ焼きに。

さて、素揚げが完成したら、**玉ねぎソースづくり**。甘みがおいしい赤玉ねぎを繊維にそってスライスし、ガーリックオイルで松の実と一緒に炒めます。松の実は油分が多く**コクと食感が加わる便利な食材**です。ローリエを入れて塩を振り、中弱火でじっくりと。しんなりしたらワインビネガー

5 開いたイワシを網に並べて水切りします。

6 さらにミートペーパーでしっかりと水気を切りましょう。塩を振って小麦粉をはたきます。

7 多めの油で揚げ焼きに。強火で一気に焼いてうっすら色づいたら、ひっくり返します。

8 まんべんなく油が行きわたるように鍋を振りながら火を入れてイワシの素揚げのできあがり。ミートペーパーでよく油を切ります。

で水分を加え、はちみつとレモンで味をととのえます。レモンスライスを飾って絶品おつまみ、完成でーす。

イワシのカルピオーネ

材料

イワシ…10匹
赤玉ねぎ…2個
塩…適量
小麦粉…適量
ワインビネガー…50mℓ
松の実…適量
はちみつ…大さじ1
ガーリックオイル…50mℓ
ローリエ…2枚
レモン…適量

ちびちび飲みながらつくるのが最高よね

みんな大好きポテトフライ。みなさん、それぞれの好きな食べ方があると思うので、ここではまーや流を紹介していきます。

じゃがいもは8分の1のくし型にカット。水気をしっかりと切ってから強力粉を軽くはたいて揚げていきましょう。150度くらいの低温で、**分厚いのでじっくりと火を入れる**のがポイントです。あまり触りすぎず、たまに返すくらいでオッケー。さらににんにくのホクホク感も一緒に味わっていきましょう。じゃがいもが揚がるタイミングを逆算して**にんにくを丸のまま入れて**揚げていきます。香りづけにローズマリーも加え、じゃがいもに火が入ったら、最後に火を強めてカリッと色づけます。

揚げたじゃがいもはもうひと手間を加えて濃厚なお味に仕上げましょう。パンチェッタのスライスを弱火で焼き、香ばしいうまみと油を抽出。そこにじゃがいもとにんにく、バターを入れて塩、黒こしょうを振り、パセリをちぎって散らします。カリッとしたじゃがいもに**パンチェッタの濃厚なうまみ**をまとわせて、ワンランク上のポテトフライに。にんにくもホクホクとおいしく、**ビールのアテに最高な一品**です。

ポテトフライとパンチェッタの香ばしおつまみ

材料

じゃがいも…2個
にんにく…3片
ローズマリー…2本
パンチェッタのスライス…1枚
バター…10g
パセリ…適量
塩、黒こしょう…適量

和テイストを加えた粋なおつまみ

1 山芋は半分の量をすりおろし、残り半分を角切りにします。

2 すりおろした山芋と角切りを合わせ、ガルムを加えて和風テイストに。

3 まぐろは水分をよくふき取り、軽く塩をして表面をあぶります。

4 冷蔵庫で休ませてカット。最後に山芋とボッタルガをかけて完成です。

こってりめのおつまみが続いたので、ここらで冷製のおつまみをつくってみましょうか。おいしい魚が手に入ったら食べたくなるのがそう、カルパッチョ。ちなみに、カルパッチョとは本来は牛肉をたたいて薄くのばしていただく料理。**魚のカルパッチョは実は日本発の料理**なんです。

まあ、それはおいといて、今回はまぐろを使い、ちょっぴり和風の味わいを添えてみたいと思います。ということで、**山芋とボッタルガ、ガルムというイタリアの魚醤**をスタンバイしています。

まず初めに山芋のソースづくりから。シャキシャキの食感を楽しむよう、半量はすりおろし、半量は角切りにします。ボウルに混ぜ合わせ、

まぐろのカルパッチョ とろろとボッタルガ添え

材料

まぐろ…1柵
ボッタルガ…適量
山芋…100g
ガルム…小さじ2
塩、黒こしょう…適量
レモン…適量
オリーブオイル…適量
パセリ…適量

ガルムを入れて風味づけを。まぐろは網の上におき、**バーナーであぶって香ばしさをプラス**。一旦、冷蔵庫でまぐろを休ませてから薄くスライスしてお皿に盛りつけ、黒こしょうをかけてレモンを絞ります。

最後にオリーブオイルとパセリを散らし、ボッタルガをおろし金で削ってたっぷりと。**和とイタリアンのコラボなお味**、なんともおいしゅうございます。よく冷やした白ワインを用意したら、完璧。さあ、宴の始まり始まり〜。

お汁にバゲット浸すのがこれまた最高

ムール貝、家ではあまり食べることがないかもしれませんが、濃厚なうまみと塩味が絶品。そのおいしさを余すことなくいただくには、**白ワイン蒸し**にしてみましょう。スープにバゲットを付けるのも最高です。

下処理がちょっとめんどいけれど、覚えてしまえば簡単。この次のページで詳しく解説していきます。単品でもおいしいですが、さらに**うまみを複雑に重ねて味わうためにあさりも投入**。最強のコンビやね。

貝をお鍋に入れたら、白ワインはすぐに注がずに**しばらく焼きつけましょう**。ふたをして貝が開くのを待ちます。貝の塩味がかなり利いているので、塩は入れなくてオッケー。最後にバターの風味で仕上げますが、お好みで**黒こしょうをたっぷり入れるのもオツなお味**。サッとつくれて見た目も華やかなのでおもてなしにもぴったりです。

そうそう、じっくり火入れする、時間をかけるというまーや流レシピの中でこれは例外。下処理が終わったら、スピーディに素早くつくっていきましょ。

うまそすぎる〜!

ムール貝が手に入ったらつくってね

　はい、じゃあ、早速クッキング〜。まずはムール貝の下処理から。ちょっと面倒な作業ではあるんですが、やり方は簡単なので覚えてください。**殻を洗って、ひげを引っこ抜く**。1個1個やるのでレストランの仕込みで数が多いと泣きそうですが、家で食べる分にはちょいちょいとやってしまいましょう。続いてあさりも洗って準備は完了です。
　鍋にガーリックオイルを入れて強火にかけます。ムール貝とあさりを全部入れてふたをして焼いていきましょう。**蒸す前に一旦焼く**

1 ムール貝の表面の汚れを金たわしでよく洗います。流水につけながら下処理していきます。

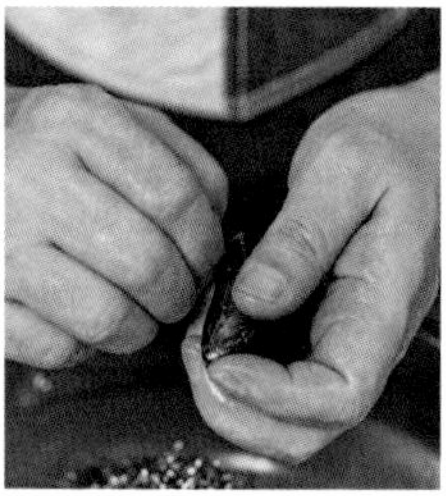

2 続いてムール貝のひげを引っこ抜きます。ひげをつまんで上下にキュキュッとしごくと…、

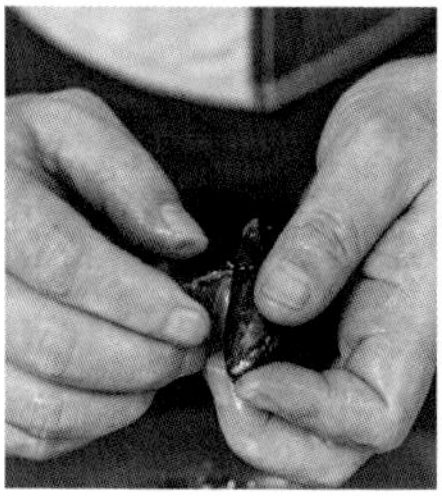

3 ポンと引き抜けます。ムール貝の数が多いとちょっと面倒。そんなときは鼻歌を唄いながらやりましょう。

と、香ばしさが出ておいしさがアップします。

　貝が開いてこんにちはとあいさつしたら、すかさず白ワインを投入。**強火のまま蒸して**、仕上げにバターのコクを加えます。パセリを刻んで振りかけ、最後にレモンをひと切れ添えてできあがり。

　ムール貝はなかなかスーパーでは見かけない食材ですが、置いてあったらぜひ買ってつくってみてください。**ふっくらとした身と香りは最高**、白ワインがぐいぐい進んじゃいます。

火加減はずっと強火をキープします

ムール貝とあさりの白ワイン蒸し

材料

ムール貝…8個
あさり…手のひら1杯の量
バター…15g
ガーリックオイル…大さじ1 1／2
白ワイン…40㎖
パセリ…適量
レモン…ひと切れ
バゲット…好きなだけ

4 あさりはうまみを出すのにぜひとも入れたいところ。手のひら1杯の量を使います。

5 砂抜きをしておき、殻を両手でこするようにして洗います。こちらも流水につけながら行います。

今宵はパンチェッタをグリルしてみよ

アスパラベーコンならぬ、**アスパラパンチェッタ**。どう見てもおいしそすぎる。アスパラと卵、チーズってすごく相性のいい組み合わせ。そこにパンチェッタのうまみが加わるわけですから、そりゃやばいお味に仕上がります。

　この食材の組み合わせだけで勝負は決まったぁという感じですが、さらにおいしくいただくコツをお話し

しますね。まず、**パンチェッタは脂身部分をチョイス**すること、そして卵はひたすら混ぜ続けて**ふわふわとろ〜りな状態**にすること。もうね、パンチェッタのうまみを存分に味わえるグリル料理を、この本の締めくくりにもってくるあたりがずるいでしょ？って誰に向かって話しているんでしょう、僕。すみません、それくらいうますぎるって言いたいだけです、はい。では、アスパラパンチェッタのグリル、早速いってみよ！

ふわふわ卵をかけて至福のひと皿が完成

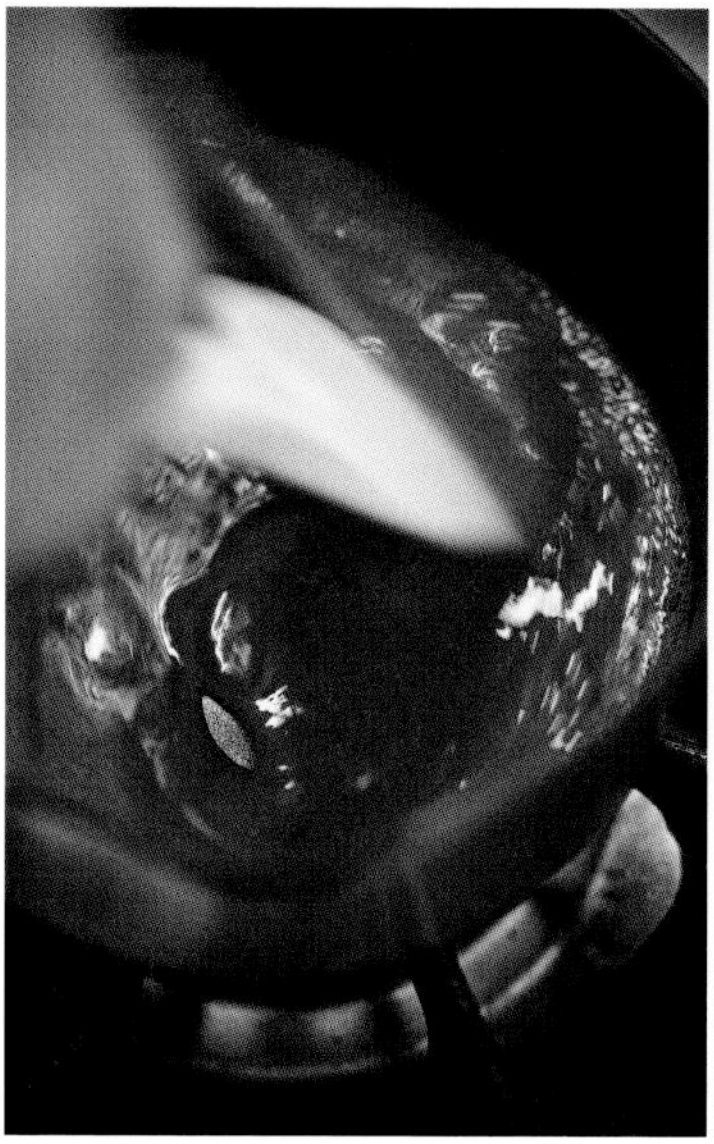

では、**アスパラガスの下ごしらえ**からスタート。スジや固いヘタ部分を取り除くことがおいしくいただくポイントです。続いてパンチェッタを薄くスライスします。使うのは**脂身の多い部分がおすすめ**。アスパラに巻きつけていきましょう。3本巻いて竹ぐしを刺したら、下準備が完了～。

パンチェッタから油が出るのでオイルはひかなくてオッケー。火は中弱火。片面に焼き色がついたらひっくり返して逆側も焼き、竹ぐしを抜いて残りの2面も焼いていきます。

1

アスパラは軽く折り曲げてみるとパキッと折れるところがあるのでカット。固いヘタ部分は使いません。

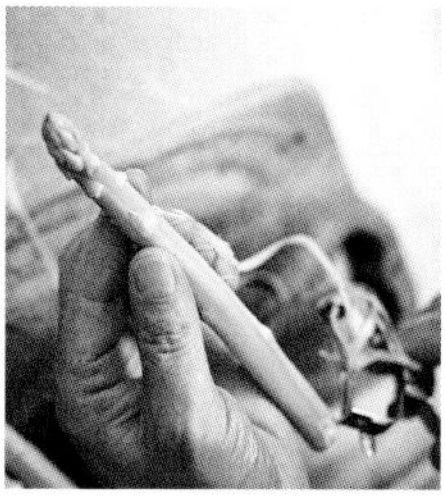

2

スジがあると食感が悪くなるのでピーラーで軽く皮をむきます。ガクも取っておきます。

3

パンチェッタを薄くスライスしてアスパラにぐるぐると巻きつけます。3本一緒に竹ぐしを刺して。

その間に卵の準備。ボウルに割り入れ、少量の牛乳を入れてゆるめます。軽く塩を入れたらよ〜く攪拌《かくはん》。そうこうしているうちにアスパラパンチェッタが焼けたのでお皿に取り出します。

　フライパンに残ったパンチェッタの油を小さじ2杯ほど小鍋に入れて卵液を流し込み、**超弱火でスクランブルエッグ**をつくります。**ひたすら混ぜることがふわふわ卵の決め手**です。アスパラパンチェッタにのせ、チーズ、黒こしょう、オリーブオイル、レモンをかけて。さあ、ボナペティート！

パンチェッタは脂身部分を使います

アスパラガスとパンチェッタのグリルふわふわスクランブルエッグのせ

材料

アスパラガス…3本
パンチェッタのスライス…3枚
卵…2個
牛乳…適量
塩、黒こしょう…適量
レモン…適量
パルミジャーノレッジャーノ…適量
オリーブオイル…適量

4 アスパラパンチェッタが焼けたらスクランブルエッグづくり。卵液を流し込み、中弱火で加熱します。

5 お皿にアスパラパンチェッタを盛りつけ、スクランブルエッグをかけ、チーズや黒こしょうを振って完成。

おわりに

僕がまだ料理を始めたばかりの頃、
とあるレストランでイワシのパスタをいただきました。
そのおいしさに感動し、自分でもつくってみようと試行錯誤したのを憶えています。
何十回、何百回とつくっては失敗を繰り返し、
気づいた頃には僕のイワシパスタのレパートリーは何十種類にも増えていました。
失敗による気づきというのが非常に重要である。
それに気づいたとき、失敗が失敗ではなくなります。
インターネットでプロのレシピや調理法を手軽に入手できる昨今、
誰でもおいしい料理が簡単につくれるいい時代になりました。

しかしながら、
イワシのパスタの失敗を何十回と繰り返し、試行錯誤した経験がなければ、
今の僕はなかったことでしょう。

この本を含め、僕のYouTubeちゃんねるでは
あえて面倒で手間暇かかる料理をみなさんに提案しています。

料理を手づくりする楽しさ、
失敗の重要性、
手間暇かけてつくる料理のおいしさ。

そういったメッセージを込めつつ、日々活動しています。

この本では普通のスーパーマーケットでは手に入らない食材や
高級食材を使う料理も掲載されています。
食材の入手のハードルが高すぎるといった意見もありますが、
まずは市場に買い出しに行ってみてはいかがでしょうか？
市場のおっちゃんとおしゃべりしながらする買い物は
それだけで料理と食材の勉強になりますよ。

正直、調理技術なんてそれほど必要ありません。
料理をつくるっていう情熱があれば十分。
技術はあとからついてきます。
とにかくたくさんつくって試行錯誤してみる。
そのプロセスは実に楽しいものです。

そしてなにより、
人生がちょっぴり豊かになることでしょう。

美味しい
晩ごはん食べてねェ

まーや

30年間パスタを食べ続ける、元イタリアンレストランシェフ兼オーナー。やみくもに料理を作る忙しい毎日に疑問を覚え、純粋においしい料理を作って食べる日々を過ごすためYouTuberの道へ。自身のチャンネル「まーやの料理ちゃんねる」はチャンネル登録者数10万人（2021年11月現在）を超える。視聴者には親近感たっぷりに「おっちゃん」と呼ばれ、他の料理系YouTuberとは違う料理の「ガチ感」とトークの面白さがツボにハマると大評判。モットーは「美味い料理があれば幸せに生きられる」。

YouTube：まーやの料理ちゃんねる
Instagram：@m4yayoutuber
公式レシピサイト：https://www.mayarecipe.com/

絶対失敗《ぜったいしっぱい》しないやつだけ!
イタリアン好《ず》きオヤジの
絶品晩《ぜっぴんばん》ごはん

2021年12月23日　初版発行

著　者　まーや
発行者　青柳昌行
発　行　株式会社KADOKAWA
〒102-8177 東京都千代田区富士見2-13-3
電話0570-002-301（ナビダイヤル）

印刷所　凸版印刷株式会社

●お問い合わせ
https://www.kadokawa.co.jp/（「お問い合わせ」へお進みください）
＊内容によっては、お答えできない場合があります。
＊サポートは日本国内のみとさせていただきます。
＊Japanese text only

定価はカバーに表示してあります。

ISBN 978-4-04-605558-3 C0077